AF590361

LE P. DECHAMPS.

DU

PROGRÈS DES ARTS

ET DE

LEUR SÉCULARISATION ABSOLUE

DU

PROGRÈS DES ARTS.

APPROBATION.

Selon les pouvoirs que nous avons reçus de notre Supérieur-Général, nous permettons l'impression de l'opuscule : *Du progrès des arts et de leur sécularisation absolue à propos d'un Congrès artistique.*

Bruxelles, le 21 juillet 1863.

J. KOCKEROLS,
Sup. Prov. Bel. C. SS. R.

Imprimatur.

Tornaci, die 25 julii 1863.

A.-P.-V. DESCAMPS,
Sac. Theol. Doct. et vic.-gen.

DU

PROGRÈS DES ARTS

ET DE

LEUR SÉCULARISATION ABSOLUE

à propos d'un Congrès artistique;

Par V. DECHAMPS,

de la Congrégation du Très-Saint Rédempteur.

PARIS
LIBRAIRIE DE P. LETHIELLEUX,
Rue Bonaparte, 66.

LEIPZIG
L. A. KITTLER, COMMISSIONNAIRE,
Querstrasse, 34.

H. CASTERMAN
TOURNAI

DU PROGRÈS DES ARTS

ET

DE LEUR SÉCULARISATION ABSOLUE.

I

Des solennités artistiques eurent lieu à Anvers en 1861. Un Congrès vint en rehausser l'éclat. Les magistrats de la cité de Rubens et de Van Dyck y avaient invité des artistes, des littérateurs, des savants de presque toutes les nations de l'Europe, et l'on en vit un grand nombre répondre à cet appel. La commission chargée de rédiger le programme des travaux du Congrès crut pouvoir le formuler en ces termes :

PROGRAMME.

QUESTIONS D'INTÉRÊT MATÉRIEL.

Recherche d'une législation internationale propre à obtenir la répression complète de la contrefaçon des œuvres d'art.

I. L'artiste qui a créé une œuvre d'art quelconque, a-t-il seul le droit d'en autoriser la reproduction, soit par des procédés semblables à ceux qu'il a employés, soit par des procédés différents?

II. Quels sont les moyens à employer pour protéger l'artiste contre la copie frauduleuse de ses œuvres?

III. Quelles mesures devrait-on prendre contre l'apposition d'une fausse signature sur une œuvre d'art?

IV. Les lois répressives des violations de la propriété artistique doivent-elles être applicables aux emprunts que l'industrie pourrait faire à l'art?

V. Par quels moyens pourrait-on amener un accord entre les gouvernements, en vue de généraliser la protection de la propriété artistique?

QUESTIONS D'INTÉRÊT ARTISTIQUE.

I. L'expression de l'art monumental est-elle en rapport avec les autres manifestations de l'esprit moderne?

II. L'alliance de l'architecture, de la sculpture et de la peinture, n'est-elle pas indispensable dans l'art monumental? quelles seraient les réformes à apporter dans l'enseignement des Beaux-Arts, en vue d'établir cette alliance?

III. N'est-ce pas dans l'alliance de l'architecture, de la peinture et de la sculpture, que l'art monumental pourrait trouver les éléments d'un style nouveau, qui caractériserait notre époque?

QUESTIONS D'INTÉRÊT PHILOSOPHIQUE.

I. Quels sont les rapports entre la philosophie et l'art?

II. L'art n'exerce-t-il pas une certaine influence sur le développement intellectuel et moral des nations?

III. Quelle influence peut-on reconnaître à l'esprit moderne sur l'art contemporain? Notre époque ne possède-t-elle pas un principe nouveau qui puisse donner aux arts plastiques une expression et une direction nouvelles?

IV. Si l'art, en exprimant la pensée contemporaine, doit en offrir le symbole à tous les yeux, par quel genre d'œuvres peut-il le mieux atteindre ce but?[1]

(1) Compte rendu des travaux du Congrès, pp 5-6.

Dans la lettre circulaire adressée dès le mois de mai aux membres du futur Congrès, la commission d'organisation développait ainsi la partie scientifique de ce programme :

« Les intérêts matériels, quelque importants qu'ils soient, n'étant ni les seules ni les principales préoccupations des esprits sérieux, nous avons pensé que la réunion de tant d'hommes spéciaux ne devait pas seulement avoir pour but de discuter une question de droit. Il y a dans l'art des principes généraux qu'il importe à toutes les écoles de bien définir ; il est même des questions pratiques que toutes doivent s'attacher à résoudre. Pourquoi, par exemple, notre époque, supérieure sous tant de rapports à celles qui l'ont précédée, n'a-t-elle pas de forme architecturale qui lui appartienne en propre ? Nos architectes sont les premiers à reconnaître un mal dont la cause ne peut leur être attribuée. Consultons cependant l'histoire de l'art. Nous voyons à toutes les grandes époques une alliance intime se former entre l'architecte, le peintre et le sculpteur. L'Egypte, la Grèce et Rome nous en ont conservé plus d'un éclatant témoignage. Les ruines de Karnak à Thèbes, celles du Parthénon à Athènes sont là pour nous prouver la puissance de cet art multiple qui appelait à son aide toutes les ressources du pinceau, du ciseau et du compas. Les constructions civiles de Pompéï nous sont restées aussi comme un exemple frappant de cet accord des trois grands éléments de l'art antique. Plus tard, les relations des anciens auteurs nous donnent la plus haute idée de ces habitations gallo-romaines où toutes les recherches du bien-être s'alliaient aux satisfactions du goût artistique le plus complet. Il en était de même des Gothiques. Nous ne parlerons pas de leurs Cathédrales : là, depuis le porche couvert de sculptures symboliques, jusqu'à l'abside où pénètre une clarté mystérieuse à travers les vitraux étincelants, tout s'anime ; les recoins les plus obscurs se peuplent d'images ; la voûte bleue parsemée d'étoiles, donne une idée de l'infini ; les légendes pieuses du moyen âge se lisent sur les murs ; le moindre ameublement est un chef-d'œuvre dont l'effet est calculé dans ce merveilleux ensemble. L'architecture civile ne le cède en rien à l'architecture religieuse : nos hôtels de villes sont là pour le prouver. Enfin, la vie bourgeoise même s'entoure de merveilles artistiques où se fondent dans un accord harmonieux les trois grandes manifestations de l'art : l'architecture, la sculpture et la peinture.

» La Renaissance, qui ne sépare point ces éléments essentiels, a, comme le moyen âge, sa forme, son type, qui marque dans l'histoire architecturale. Enfin, la décadence même, dont le style rocaille est le dernier terme, nous a laissé des édifices d'un intérêt incontestable, où l'art, pour être dégénéré, ne se distingue pas moins par une forme spéciale et caractéristique.

» Si nous manquons aujourd'hui d'originalité, n'est-ce point parce que nous avons abandonné l'alliance ancienne des arts plastiques, et que chacun d'eux se renferme dans une sphère particulière? En rétablissant l'accord qui existait entre eux, n'aurons-nous pas l'unité, la forme originale qui nous manquent et que nous demandons vainement aux souvenirs du passé? Enfin, cette question ne se résout-elle point par une réforme dans l'enseignement artistique? et dans ce cas, quelle doit être cette réforme?

» Il nous semble qu'une discussion portée sur ce terrain, ne pourrait être que féconde en résultats.

» Enfin, à côté de ces questions techniques,

nous avons voulu en poser d'autres, pour appeler la discussion sur les principes généraux.

» Pour peu que l'on soit initié au mouvement artistique de notre époque, on n'ignore point qu'il s'est produit dans ces derniers temps une lutte des plus vives entre deux principes : l'un, cherchant dans la pensée la source de toute inspiration; l'autre, accordant une importance plus grande à l'exactitude de la reproduction matérielle. Ces deux principes ont été défendus avec acharnement, et des conséquences extrêmes en ont été tirées. Tandis que les uns soutenaient que la philosophie ne vaut rien dans l'art, et, partant de cet aphorisme, élevaient sur les ruines de l'idéal le culte de la réalité objective, les autres déclaraient ce système fatal et demandaient un retour aux idées fondamentales qui ont donné naissance aux grandes manifestations artistiques de l'humanité. Cette école a recherché si, chez tous les peuples, la pensée sociale s'est trouvée en rapport intime avec l'expression artistique, et si l'art, pour exercer une action utile et bienfaisante, ne présuppose pas une certaine élévation morale. Elle a constaté que de profondes modifications ont changé l'ancien état social, que des idées, des institutions nouvelles régissent le monde; que la science philosophique, qui a pris un développement remarquable, commence à formuler clairement son but et sa pensée, et que déjà, sous son influence, l'histoire, se plaçant à un point de vue nouveau, nous a montré les annales du passé sous une face inconnue. Puis, elle s'est demandé si les arts ne doivent pas se ressentir de cette influence; si l'art, puisant dans la pensée de son temps, ne doit pas redevenir ce qu'il était aux époques de foi : un enseignement par le symbole.

» Les artistes, les penseurs, peuvent-ils rester indifférents à ces grandes questions? Peuvent-ils ne pas tenir compte du mouvement des idées et des révolutions accomplies par la philosophie? Assisteront-ils, enfin, à l'enfantement d'un monde nouveau sans se demander quelle place ils y prendront et quel rôle ils auront à y remplir? — Les questions de principes que nous avons posées dans notre programme se rapportent à cette préoccupation si naturelle et si légitime. Vous jugerez sans doute qu'elles méritent de fixer votre attention.

» Nous avons voulu, par ces explications sommaires, éclaircir ce que l'énoncé de nos propositions pourrait avoir de vague, et donner des limites précises au champ que nous ouvrons à la discussion. Permettez-nous, en terminant, d'exprimer l'espoir que vous voudrez bien honorer le Congrès artistique d'Anvers de votre présence. Nous avons compté pour donner de l'éclat à cette solennité, sur le concours des hommes de tous les pays, qui, comme vous, par leur valeur personnelle, sont les représentants de l'art et les défenseurs naturels de ses droits.

» Nous vous prions en conséquence, Monsieur, de vouloir bien nous adresser votre adhésion, ainsi que les communications que vous jugeriez nécessaires de faire à la commission du Congrès, et, dans le cas où vous désireriez prendre la parole, l'indication des questions que vous auriez l'intention de traiter.[1] »

L'introduction du compte rendu des travaux du Congrès nous révèle un fait relatif à la rédaction du programme qu'on vient de lire. « Peut-être n'eût-il pas été sans intérêt, dit cette introduction, de rechercher si l'impuissance de l'architecture moderne à créer un style nouveau n'est

(1) Compte rendu des travaux du Congrès, pp. 3-5.

pas une conséquence du doute philosophique qui caractérise notre époque; mais les membres du comité d'organisation *ne crurent pas devoir soumettre* au Congrès cette question qui devait *d'ailleurs recevoir sa solution naturelle dans les débats ouverts* sur les principes généraux de l'art; ils préférèrent attirer son attention sur les moyens pratiques à employer pour donner à l'architecture une vie nouvelle par l'alliance des trois arts plastiques.[1] » Il paraît donc résulter de ce fait, que le programme dont la rédaction fut confiée au comité d'organisation du Congrès, ouvrait réellement des débats sur une question que ce comité lui-même voulait écarter, pour attirer toute l'attention de l'assemblée sur les moyens pratiques de relever l'art monumental. Il ne faut pas trop s'étonner de cette contradiction involontaire. Parmi les magistrats et les artistes distingués, dont plusieurs de premier ordre, qui composaient ce comité d'organisation, la plupart étant étrangers aux études philosophiques, et surtout à la terminologie de certaines écoles contemporaines, n'auront remar-

(1) Compte rendu des travaux du Congrès artistique d'Anvers. Introduction, p. 10.

qué d'abord ni la portée des dernières questions du programme, ni les réponses *qu'elles sollicitaient* par les termes mêmes où elles étaient posées. Mais on aura probablement éveillé chez eux quelque scrupule à cet égard, puisque dans une seconde circulaire du 23 juillet, le comité s'expliquait ainsi :

« C'est une lutte que nous provoquons entre toutes les doctrines, entre tous les systèmes, et c'est pour cela que nous nous sommes abstenus de préciser nos conclusions. Nous avons cru qu'il était permis aux artistes d'Anvers d'attirer l'attention des écoles étrangères sur certaines questions vitales qu'il importe à toutes de résoudre, mais dans notre pensée il ne leur appartenait pas de préjuger la solution que ces questions devaient recevoir, ni d'empiéter sur l'œuvre du Congrès.[1] »

Ce sentiment fait honneur à ceux qui l'ont exprimé, mais il n'a pu empêcher cependant que les questions du programme ne fussent réellement formulées en des termes qui, sous plusieurs rapports fondamentaux, en préjugeaient la solution.

En effet, le programme demande si notre époque ne possède pas *un principe nouveau qui puisse*

(1) Compte rendu, etc. Introd. p. 7.

donner aux arts plastiques une expression et une direction nouvelles, et il développe cette question par ces paroles que nous citions tout à l'heure, mais qu'il faut relire :

« Pour peu que l'on soit initié au mouvement artistique de notre époque, on n'ignore point qu'il s'est produit dans ces derniers temps une lutte des plus vives entre deux principes : l'un, cherchant dans la pensée la source de toute inspiration ; l'autre, accordant une importance plus grande à l'exactitude de la reproduction matérielle. Ces deux principes ont été défendus avec acharnement, et des conséquences extrêmes en ont été tirées. Tandis que les uns soutenaient que la philosophie ne vaut rien dans l'art, et, partant de cet aphorisme, élevaient sous les ruines de l'idéal le culte de la réalité objective, les autres déclaraient ce système fatal et demandaient un retour aux idées fondamentales qui ont donné naissance aux grandes manifestations artistiques de l'humanité. Cette école a recherché si, chez tous les peuples, la pensée sociale s'est trouvée en rapport intime avec l'expression artistique, et si l'art, pour exercer une action utile et bienfaisante, ne présuppose pas une certaine élévation morale. Elle a constaté que de profondes modifications ont changé l'ancien état social, que des idées, des institutions nouvelles régissent le monde ; que la science philosophique, qui a pris un développement remarquable, commence à formuler clairement son but et sa pensée, et que déjà, sous son influence. l'histoire, se plaçant à un point de vue nouveau, nous a montré les annales du passé sous une face inconnue. Puis, elle s'est demandé si les arts ne doivent pas se ressentir de cette influence ; si l'art, puisant dans la pensée de son temps, ne doit pas redevenir ce qu'il était aux époques de foi : un enseignement par le symbole.[1] »

Ces questions ainsi développées préjugeaient évidemment bien des choses. Elles supposaient 1° que la pensée humaine individuelle ou sociale, est la source unique de toute inspiration; 2° que le monde physique seul constitue une *réalité objective* proprement dite, et que le monde spirituel n'est qu'un produit de la pensée humaine, une création de l'esprit humain, une réalité toute subjective, en un mot un *pur idéal ;* 3° que cet idéal mobile, changeant, variable comme l'opinion d'un

(1) Compte rendu, etc. p. 4.

homme, d'un peuple ou d'un temps, que cette réalité toute subjective fut toujours le seul *objet de la foi* du genre humain, de sorte qu'en voulant croire en Dieu, il ne crut jamais qu'en lui-même, et qu'en distinguant la foi de l'opinion, il s'en fit toujours accroire: 4° que la pensée ou l'opinion nouvelle de notre temps formulée par la science philosophique, constituera l'objet d'une foi nouvelle; 5° que les arts redeviendront alors ce qu'ils furent aux époques de foi : un enseignement par le symbole.

L'introduction du compte rendu des travaux du Congrès où l'on reconnaît l'esprit qui en dicta le programme, et, si nous ne nous trompons, la main qui l'a rédigé, est venue nous convaincre que nous l'avions bien compris. « L'artiste, dit l'auteur de cette introduction, recherche naturellement l'idéal, comme l'enfant le sein maternel; mais de quels doutes ne doit-il pas être assailli dès ses premiers pas dans l'arène philosophique! Dix écoles le sollicitent; les principes contradictoires se heurtent autour de lui; les systèmes se combattent et se détruisent; l'affirmation et la négation se pressent et se renversent. Ici le scepticisme remet en question les principes devant lesquels l'humanité a plié le genou durant des siècles ; là une foi dogmatique se raidit contre le progrès des idées. Des écoles surgissent qui nient la source idéale de l'inspiration artistique. Pour elles l'art n'est pas l'expression d'une pensée supérieure, d'une idée sociale ou d'une croyance religieuse : il réside tout entier dans l'exacte imitation de la réalité objective. Ces écoles ne disent pas que les vieilles croyances sont mortes et qu'il faut à l'art des convictions nouvelles ; elles affirment que l'art n'a pas besoin de foi, et que l'instinct de la reproduction matérielle lui suffit. D'autres enfin, sans méconnaître le caractère spiritualiste de l'inspiration artistique, prétendent que l'artiste doit rompre avec toutes les écoles et tous les systèmes, affirmer sa liberté propre et ne chercher qu'en lui-même, en dehors de toute révélation et de toute intervention supérieure, le principe primordial sur lequel reposeront les règles de son esthétique particulière. Quel parti prendre dans ce conflit d'opinions? Dans quel camp se ranger et comment choisir entre ces affirmations également hardies, également exclusives, qui souvent s'appuient sur l'autorité d'artistes d'une incontestable valeur? Faut-il, en désespoir de cause, s'abstenir et rester dans le doute, ou bien est-il préférable de faire appel à la discussion et de donner pleine carrière à la liberté d'examen? C'est à ce dernier parti que se sont arrêtés les organisateurs du Congrès d'Anvers. Sans se prononcer sur la valeur d'aucune théorie, ils ont cherché à circonscrire l'examen des questions philosophiques dans des limites qui en rendissent, sinon la solution facile, du moins la discussion claire et féconde. Ils demandèrent en conséquence aux artistes, aux penseurs qui devaient répondre à leur appel, s'il est vrai que chez tous les peuples et dans tous les temps, l'expression artistique se soit trouvée en rapport avec une pensée sociale supérieure; s'il est vrai que l'ancien état social, que les idées et les institutions aient subi depuis un siècle des modifications profondes, que le progrès des sciences et notamment de la critique ait transformé le monde intellectuel; si l'art a suivi ce mouvement des esprits et si, enfin, puisant dans la pensée de son temps, il ne doit pas redevenir ce qu'il était aux époques de foi : un enseignement par le symbole.[1] »

Encore une fois donc, nous ne nous étions pas

(1) Introd. pp. 7-8.

trompé lorsque nous avons trouvé dans les termes mêmes des questions du programme, l'affirmation *des principes qui en préjugeaient la solution*. Ces questions supposent, en effet, de la manière la plus formelle, que le seul objet réel de la foi de l'esprit humain, c'est *l'idéal* changeant, dont cet esprit lui-même est le créateur ; que la foi à une vérité objective certaine, immuable, divinement révélée, se raidissant contre le progrès des idées, est inconciliable avec le progrès de la science et de l'art ; et que l'heure est par conséquent arrivée de *séculariser* l'une et l'autre en les proclamant libres de méconnaître toute révélation divine proprement dite.

Il est vraiment étonnant que les savants et les artistes qui parlent ainsi ne s'aperçoivent pas de leur inconséquence. La nature n'est-elle pas un fait régi par des lois immuables ? Cesse-t-elle pour cela d'être la source de découvertes scientifiques et d'inspirations artistiques toujours nouvelles? S'il en est ainsi du monde visible, pourquoi n'en serait-il pas de même du monde spirituel encore invisible, mais visiblement manifesté par la révélation : *Ut dum visibiliter Deum cognoscimus, per hunc in invisibilium amorem rapiamur?*

Toute la question se réduit donc à savoir si celui

qui s'est manifesté par la création s'est aussi manifesté par la révélation, si la révélation est un fait comme la nature est un fait, et si l'un aussi bien que l'autre porte le caractère incontestable de sa divine origine, l'empreinte de la main du Tout-Puissant. Ne pas vouloir examiner si le fait de la révélation existe, et si le caractère ou les caractères dont il est revêtu prouvent clairement qu'il est de Dieu ; refuser cet examen, et rejeter *a priori* le fait de la révélation, sous prétexte qu'il serait un obstacle au progrès des idées, ce n'est pas faire acte d'intelligence et de liberté, mais d'ignorance volontaire et de lâcheté, c'est avoir peur de la lumière.

Mais revenons aux questions du programme pour fournir une dernière preuve de la réalité du sens que nous leur avons donné. Nous reproduirons ensuite la lettre par laquelle nous y avons répondu.

Ce qui démontre jusqu'à l'évidence que nous les avons entendues dans leur vrai sens, c'est que parmi les discours prononcés au Congrès, et parmi les écrits qui lui furent adressés, ceux qui formulent leurs solutions dans les termes mêmes des questions posées, les prennent, en y adhérant, dans le sens où nous les avons prises en les réfutant.

Interpellé par un de ses collègues au Congrès, à l'effet de savoir s'il entendait exclure de l'art l'intervention de tout idéal, de toute théogonie, *de tout absolu*, c'est-à-dire toute intervention divine, M. Madier-Montjau répondit : « De toute théogonie, de tout idéal *objectif*, assurément, sans que pour cela l'idéal *subjectif*, produit de la raison et de la liberté combinées, soit exclu de l'art nouveau et l'empêche d'élever, d'embellir et de poétiser la vie, la nature et *la réalité humaine.*[1] » Vous le voyez, la réalité spirituelle est tout humaine, et pour M. Madier comme pour M. Renan, la Divinité n'est que *la catégorie de l'idéal*, une vraie création de l'esprit humain, le produit de la raison et de la liberté combinées, destiné à embellir et à poétiser la vie. M. Victor Hugo dans sa lettre au Congrès ne pense pas autrement : la foi, pour lui, n'est que l'adhésion de l'esprit humain à ses propres rêves : « Vous avez raison, messieurs, dit-il, de me ranger parmi les hommes qui affirment et qui croient. Incroyance, c'est impuissance. Ce siècle est grand parce qu'il croit. Croire à la vérité, croire à la justice, croire au progrès, c'est

(1) Compte rendu, etc. p. 184.

là aujourd'hui la force suprême; je dis plus, la force unique. *Rien n'est impossible à la foi*. Jadis elle soulevait les montagnes, aujourd'hui elle soulève les nations. C'est elle qui emporte les peuples vers *l'idéal*.[1] » C'est donc chose entendue : il faut réformer le dictionnaire du genre humain, et le mot de foi qui, dans tous les temps et pour toutes les philosophies, a signifié l'adhésion de l'intelligence humaine à la révélation divine, signifiera désormais l'adhésion de l'intelligence humaine à ses propres conceptions, de sorte que foi, science, opinion, seront dès aujourd'hui tout un, et n'exprimeront qu'une même chose. Ainsi le veut le progrès de la raison ou de la déraison. Mais nul ne répondit plus *harmoniquement* aux questions du programme, nul ne fut plus fidèle aux principes qu'elles formulaient *a priori*, nul n'énonça plus nettement les solutions qu'elles sollicitaient, que M. De Taeye dans le discours résumé avec un soin tout spécial dans la séance suivante par M. Callier, président de la 3e section : « J'avoue, dit M. De Taeye, que l'art catholique a produit tout ce qu'il peut produire, et qu'aujourd'hui enfermé dans le

(1) Compte rendu, etc., p. 201.

cercle de fer de la tradition, forcé de répéter continuellement les mêmes sujets dans les mêmes conditions, il n'a plus d'avenir.... Mais parce que le catholicisme n'est plus une source d'inspirations nouvelles pour l'art,[1] est-ce à dire qu'il ne faut plus s'élever au-dessus des idées terre-à-terre qui sont le mal de notre époque? »

M. de Taeye ne le pense pas; il ne veut pas que *la pensée moderne* soit matérialiste. Mais que veut-il? Qu'elle soit sécularisée, qu'elle soit laïque :

« Nous l'avons dit, s'écrie-t-il, l'art contemporain doit être laïque. Mais que sera cet art laïque? Est-ce, comme le croit le réalisme, un art sans idéal et qui n'a d'autre but que d'imiter la nature? Oui, il en serait ainsi, si la société de l'avenir devait être athée et matérialiste, si elle cessait de *croire aux idées*, au monde intelligible, à une per-

(1) Appliquez ce que M. De Taeye dit du cercle de fer de la révélation, au cercle de fer de la création; et ce qu'il dit de la vérité révélée, appliquez-le à la vérité sensible de la nature; et vous verrez que son raisonnement n'est qu'un sophisme. L'étude de la nature qui reste toujours la même n'est-elle pas la source toujours ancienne d'inspirations toujours nouvelles? Pourquoi donc l'étude de la révélation divine des réalités du monde spirituel, ne serait-elle pas la source inépuisable d'inspirations toujours nouvelles aussi?

fection supérieure, à la réalité. Mais comme sans ces sublimes et salutaires croyances la société tomberait en pourriture, elle conservera ses croyances, et *l'art laïque* aura pour mission de symboliser celle *des siècles écoulés*. »

Fort bien, mais ses croyances actuelles, quelles seront-elles? Et comment l'art laïque les symbolisera-t-il? Ecoutons :

« C'est donc par l'art public, par l'art monumental et symbolique, le seul qui présente un intérêt social, que la pensée nouvelle s'exprimera, en gravant sur la pierre et sur le marbre, pour l'enseignement des contemporains et de la postérité, *les souvenirs durables de nos actions, de nos progrès, de nos idées ; les conquêtes de la science, les principes de la philosophie, les prescriptions de la morale, les exemples glorieux du courage civique, en un mot, tout ce qui constitue la vie morale et intellectuelle d'un peuple;* en incarnant en de magnifiques et éloquents symboles, le reflet de ce que nous avons cru et pensé, de ce que nous avons fait et souffert, la trace du rôle que nous avons rempli, dans la marche de l'humanité à notre époque.

» Alors l'artiste agrandira ses vues, rentrera

dans son véritable caractère, et se placera au-dessus de cette vile passion du lucre qui dégrade l'homme. L'art deviendra un véritable sacerdoce qui répandra *l'idée* en agissant sur les sens ; un enseignement puissant, une leçon vivante pour les peuples. Remplissant ainsi son véritable but, l'art deviendra d'un intérêt public ; il sera bien au-dessus des passions et de la portée des particuliers. Non-seulement parce que les ressources de ceux-ci sont trop bornées, mais surtout parce que l'art devant exprimer les idées générales de la mère-patrie et de l'humanité, dépasse l'inspiration ordinaire des amateurs.

» Le point que je traite a une importance plus grande que ne le supposent peut-être ceux qui n'ont pas vu de près l'influence immense qu'a exercée l'art sur la marche de l'humanité dans les temps passés. L'homme moderne tente une grave entreprise. Jusqu'à présent, l'humanité a été guidée par le prêtre ; désormais, repoussant la domination de l'Eglise, elle prétend marcher dans sa voie, sans *intermédiaire* entre Dieu et sa conscience : elle veut fonder l'*Etat* sur la *vérité* perçue par la raison. Tentative admirable d'audace et de grandeur ! Mais que les inventions des sciences physiques ne nous aveuglent pas sur le péril. Nous aurons beau tenir en nos mains les forces les plus mystérieuses et les plus puissantes de la matière, ce n'est pas la matière qui nous sauvera. Les puissances nouvelles, mises au service du sensualisme, nous plongeraient dans une corruption plus profonde et plus irrémédiable que celle où s'est englouti l'empire romain. C'est par la force de l'esprit que l'homme s'est asservi les forces de la matière : pour qu'à son tour la matière n'asservisse pas l'homme, il faut qu'il donne à son esprit une vigueur nouvelle et à son âme une trempe morale plus forte. Si l'état laïque veut subsister, il faut que, mieux que l'état théocratique, il cultive dans le citoyen la raison et l'amour du bien, c'est-à-dire les facultés qui le rendent capable de vivre libre, de se sacrifier au devoir, de respecter la justice, de se conformer au droit; et pour cultiver ces facultés, il faut que l'Etat emploie les deux grands moyens d'action qui ont toujours été employés : l'instruction et l'art, — l'enseignement par la parole, — l'enseignement par le symbole.

« La vue des civilisations du passé me prouve la grande, la très-grande importance de l'art. Pourtant, je ne veux pas l'exagérer. L'art n'est pas un but, c'est un moyen pour arriver à la vraie fin, qui est le *perfectionnement de l'être*. Quiconque pose à l'art, l'art pour but, perd l'art, de même que quiconque pose à l'homme, l'homme seul pour fin, perd l'homme. Ainsi font beaucoup de penseurs dans les époques de transition, où la société, sans notion claire de ce qui est la fin de l'homme et de l'art, sans principe généralement accepté, incline malheureusement vers le matérialisme.[1] »

Mais encore un coup, la fin de l'homme et de l'art, la perfection de l'être, le grand objet de la croyance ou de la pensée nouvelle, le grand objet de la foi nouvelle, que sera-ce? Vous me dites que la société croira *aux idées, au monde intelligible, à une perfection supérieure, à la réalité*. Mais à quelle perfection et à quelle réalité? Est-ce à la réalité purement *subjective* de tout à l'heure? Il le faut bien, puisque *le sacerdoce laïque* répandra *l'idée* en agissant sur les sens par le symbolisme. Le grand objet de la foi nouvelle sera donc une divinité nouvelle : *la catégorie de l'idéal; ce qui signifie l'esprit humain se faisant à lui-même son idole de lui-même*. Et c'est justement parce que

(1) Compte rendu, etc., pp. 186-187.

cette divinité sera de création humaine, que l'art MÊME RELIGIEUX doit être sécularisé, doit être laïc comme l'Etat. Le principe nouveau qui doit donner aux arts plastiques une expression et une direction nouvelles, la pensée contemporaine dont l'art doit offrir le symbole à tous les yeux, c'est donc le principe de *la sécularisation* de toute vérité, c'est la pensée que la vérité, dans quelque sphère que ce soit, ne peut être manifestée que par l'esprit humain, par la lumière du temps, *du siècle,* à l'exclusion de toute révélation, de toute manifestation divine. Voilà pourquoi le principe nouveau rejette *tout médiateur* entre Dieu et l'homme, et par conséquent tout sacerdoce proprement dit. Saint Paul a dit : Il n'y a qu'un seul médiateur entre Dieu et les hommes, c'est l'Homme-Dieu, le Christ Jésus. Le principe nouveau dit au contraire : il n'y a entre Dieu et l'homme que l'esprit humain. Il ne faut donc plus d'autorité divinement établie pour garder et perpétuer la révélation du Verbe : il ne faut plus de puissance spirituelle divinement établie pour relier l'humanité à son principe par le sacrifice et les sacrements ; et Celui que le christianisme adore comme le Verbe incarné, comme l'unique médiateur par lui-même, comme celui dont tout sacerdoce n'a été avant lui que l'image, après lui que l'organe, il ne faut plus qu'il ait d'organe sur la terre, car il a eu tort de dire en établissant le sacerdoce de la nouvelle alliance : *Allez à toutes les nations, annoncez-leur ma parole, je suis avec vous; Recevez mon esprit et faites ce que j'ai fait : remettez les péchés, consacrez mon corps et mon sang.* Non, l'idée de sacerdoce ou de médiation entre Dieu et l'homme, n'a été qu'un vain songe de l'esprit humain chez tous les peuples et dans tous les siècles ; et c'est l'esprit humain qui partout et toujours a rêvé cela, c'est lui, lui seul, le grand rêveur de tous les temps, qui doit être à lui-même son unique révélateur, son unique Verbe, son unique Christ, son unique médiateur, la source unique de toute grâce et de toute vérité, parce que la société nouvelle doit être *exclusivement* laïque, ou doit l'être à ce point que l'Etat y absorbe l'Eglise, et qu'au lieu de deux puissances, il n'y en ait plus qu'une. Ce ne seront donc plus seulement les monuments civils, les théâtres, par exemple, les musées, les bourses, les palais législatifs, les palais des rois, qui seront laïques ou séculiers, ce seront aussi les monuments religieux, les temples désormais consacrés au culte de l'idéal, les temples où le principe nouveau de la sécularisation *absolue* de l'art élèvera des autels aux souvenirs sacrés *de nos actions, de nos progrès, de nos idées, des conquêtes de la science, des principes de la philosophie, des prescriptions de la morale, des exemples glorieux du courage civique, en un mot de ce qui constitue la vie morale et intellectuelle d'un peuple, en incarnant en de magnifiques et éloquents symboles,* **LE REFLET DE CE QUE NOUS AVONS CRU ET PENSÉ**, *de ce que nous avons fait et souffert, la trace du rôle que nous avons rempli dans la marche de l'humanité à notre époque.*[1] L'humanité vivant désormais sans intermédiaire ou sans médiateur entre sa conscience et Dieu, et fondant tout l'ordre social, civil et religieux, temporel et spirituel, sur la *révélation sécularisée*, ou sur la révélation exclusivement laïque de la raison, les temples ne seront plus que les *temples de la raison*. Cette conclusion du principe nouveau, de l'idée nouvelle, de la pensée contemporaine, est malheureuse, il faut bien l'avouer, puisqu'elle rappelle l'époque

(1) Le reflet de ce que nous avons cru et pensé à notre époque, c'est-à-dire l'image de la divinité idéale de notre temps.

encore récente où l'orgueil humain s'abîma dans la fange et dans l'absurde, mais pour être malheureuse, elle n'en est pas moins légitimement déduite de ses prémisses.

Pourquoi ne l'avouerions-nous pas? ce nous fut une consolation lorsque nous pûmes parcourir les débats du Congrès, d'avoir contribué à réfuter de pareils principes par notre réponse à l'invitation de son comité, et aux questions de son programme. Nous ne le fîmes cependant que par *la simple exposition* des vérités méconnues dans ces questions, et en évitant à dessein la forme et le ton de la polémique, afin qu'on ne nous supposât pas la pensée d'attribuer à ceux qui nous adressaient ces questions, les erreurs qu'ils n'avaient certainement pas eu l'intention de formuler.[1]

II

Voici donc cette réponse telle qu'on la trouve dans le compte rendu des travaux du Congrès, et telle qu'on a pu la lire auparavant dans les jour-

(1) Voyez plus haut, pp. 9-10.

naux où elle fut publiée à la demande des membres de la seconde section de cette assemblée :[1]

Bruxelles, 19 août 1861.

MESSIEURS,

J'ai bien tardé à répondre à votre honorable invitation, mais c'est parce que j'ai trop longtemps nourri l'espoir de participer à vos travaux, et que je ne l'abandonne qu'à la dernière heure, en présence de l'obstacle persistant qui me force, depuis un an, de renoncer même au travail ordinaire de mon ministère. J'en éprouve un regret d'autant plus vif, que les questions posées dans la deuxième et la troisième parties du programme du Congrès artistique, touchent par plus d'un côté à celles qui firent l'heureuse occupation de toute ma vie, à

(1) Une seule faute typographique se glissa dans le journal qui publia cette lettre le premier, et passa de là aux autres journaux. Au lieu de lire *centre*, l'imprimeur lut *contre*, et le correcteur crut voir dans ce mot inintelligible un terme d'architecture assez semblable, mais qui ne forma pas moins un non-sens. Le texte officiel du compte rendu que nous reproduisons ici, n'a gardé naturellement aucune trace de cette méprise.

ces problèmes que la raison, dès qu'elle se recueille et qu'elle veut être pleinement fidèle au nom qu'elle porte, place nécessairement au premier rang des questions humaines.

Mais puisque les usages reçus dans les solennités comme les vôtres autorisent ceux qui ne peuvent s'y rendre en personne à y faire arriver leur pensée, permettez-moi, Messieurs, d'indiquer du moins brièvement ici ce que j'eusse voulu mieux dire au milieu de vous.

L'alliance de l'architecture, de la sculpture et de la peinture, est évidemment indispensable à la perfection des œuvres monumentales ; mais elle ne suffit pas à la création d'un style proprement dit et qui caractérise une époque de l'art. Il faut pour cela que l'alliance des diverses formes du génie artistique soit conclue, non-seulement sous l'empire d'une sorte de nécessité matérielle, mais sous l'empire d'une pensée commune assez puissante pour attirer à elle toutes les forces plastiques, et réaliser ainsi dans la sphère du beau, le mot de la vérité même : l'*omnia traham ad me ipsum*. L'on ne discuterait pas la nécessité de cette unité de pensée, si le but de l'art était tout entier dans l'imitation de la nature, parce que l'esprit humain, ou plutôt les passions humaines, n'ont aucun intérêt à méconnaître l'unité du monde physique toujours le même dans sa docilité à l'ordre de son maître, toujours fidèle aux lois qu'il n'a pas la liberté d'enfreindre. Mais si l'imitation de la nature a noblement ravi et épuisé l'existence d'une foule de grands artistes, elle n'a cependant jamais été la source unique, ni même la source principale des inspirations de l'art, surtout de l'art monumental. Ce n'est pas la vue du monde physique, c'est la vue du monde moral qui a créé tous les vrais monuments, parce que ce sont les faits du monde moral qui les demandent, qui les appellent, qui les exigent. Ce sont les forces vivantes du monde moral qui veulent des palais à l'autorité, à la loi, à la justice, aux lettres, aux sciences, aux arts, à l'industrie, à la finance elle-même. Mais si toutes ces forces, si toutes ces puissances ont des palais, il en est une autre qui constitue le fait culminant du monde moral et social, et celle-là n'a pas de palais, elle a des temples. Cette force, cette puissance s'appelle religion, et à toutes les époques, c'est elle, toujours elle, incontestablement elle, qui fut la grande et suprême inspiratrice des arts en général, et de l'art monumental en particulier.

Faut-il s'en étonner? Les autres forces de la vie humaine, quelque grandes et dignes qu'elles soient, n'élèvent cependant pas l'homme au-dessus du temps et ne regarde que son lieu de passage, tandis que la religion lui montre sa fin. Or, la vie humaine, qu'est-elle au fond, je dis au fond? Le mouvement délibéré de l'homme vers sa fin. C'est donc manifestement la religion qui répond seule à la grande aspiration de la vie : *in finem*. Aussi, entrez dans les temples, si vous voulez jouir des chefs-d'œuvre qui élèvent l'âme. C'est là que l'art monte. Oui, c'est là qu'il monte, lui aussi, à sa fin dernière, s'il est permis d'appliquer à l'art ce qui ne s'entend pleinement que de l'homme. Vous comprenez, du reste, Messieurs, que ce que je viens de dire ne se vérifie pas au même degré en toute sorte de temples. Les temples du paganisme ne symbolisaient que des restes profanés, quoique très-reconnaissables encore de la grandeur religieuse primitive, et, au lieu d'élever l'âme humaine à sa fin, leurs oracles et leurs sacrifices la rabaissaient invariablement vers les choses de la terre, comme nous l'apprennent Horace et Cicéron avec une éloquence qui n'est pas ici sans naïveté : *Virtutem nemo unquam acceptam Deo*

retulit, dit Cicéron, *at quod dives, quod incolumis.*[1]
Et Horace :

Hoc satis est orare Jovem qui donat et aufert.
Det vitam, det opes, æquum mi animum ipse parabo.[2]

Ce que j'ai dit ne s'applique pas également non plus à tous les temples qui couvrent le sol du monde chrétien, car il en est sans sanctuaire, sans autel, sans sacrifice, sans esprit et sans vie ; il en est de complètement dépouillés des images divinement poétiques de l'Evangile où se révèle le Créateur des deux mondes, du monde spirituel et du monde sensible ; temples vides où tout se réduit à une chaire sans autorité qu'entourent des spectateurs rangés en bon ordre, comme pour n'en faire que des amphithéâtres renversés. Non, je parle de ces temples que vous connaissez, de ces basiliques, et aussi de ces sanctuaires plus humbles où nul n'entre sans être ému, même celui qui ne le voudrait pas être, parce qu'ils sont tous remplis de l'esprit qui les a conçus, des véritables corps pleins d'âme, et qu'à différents degrés de perfection, ils ont tous quelque

(1) *De naturâ Deorum*. Lib. 3 § 36.
(2) Lib. 1. Ep. 18.

chose de la splendeur du vrai, et disent à tous le *Sursum Corda*. Oui, c'est dans ces temples, et nulle part ailleurs, que l'art monumental atteint son sommet. L'histoire générale le prouve par les faits, et la raison vient de nous en faire voir le pourquoi dans la nature même des choses. Or, on ne change pas la nature des choses, et par conséquent la tendance à séculariser complètement l'art monumental, c'est-à-dire à y remplacer l'inspiration religieuse par une inspiration exclusivement humaine, ou, comme quelques-uns disent, exclusivement laïque, n'est autre chose que la tendance à le décapiter.

Ne le décapitez pas, Messieurs, et sachez décourager par les enseignements historiques et par les enseignements philosophiques, les efforts très-peu artistiques de ceux qui prétendraient à un style monumental digne de caractériser une nouvelle époque, sans que ce style dépende de son inspiration souveraine. Si notre époque n'a pas eu encore un style monumental proprement dit, c'est qu'elle doit être comptée jusqu'ici parmi les époques de négation et de scepticisme, et non parmi ces époques de foi que *semble* regretter, et très-légitimement, le programme du Congrès. Consolez-vous cependant, Messieurs, les signes du temps indiquent clairement que cette époque est à sa fin. Ce n'est pas que l'élément religieux, que l'esprit de religion ne doive plus être combattu. Non : car toutes les forces morales sont militantes sur la terre, et la religion sera toujours parmi elles la plus militante de toutes. Je crois même que le combat qu'elle soutient va grandir, mais en changeant de caractère, parce que tout annonce que bientôt la foi aura moins pour ennemie l'irréligion que la superstition. Que ce mot de superstition ne vous étonne pas : la superstition n'est pas seulement un travers de certains esprits, elle est aussi le culte divin de ce qui n'est pas Dieu. Le paganisme ne fut que cela, le culte divin du monde créé, du monde matériel et du monde spirituel, des corps et des esprits, en un mot le panthéisme érigé en culte public. Or, il faudrait ignorer ce qui se passe pour ne pas voir que c'est de ce côté que penche de nouveau tout ce qui résiste au mouvement chrétien. Celui-ci, de son côté, loin de se ralentir, est visiblement en croissance, c'est-à-dire, qu'il étend de plus en plus son incomparable unité. C'est ce qu'entrevoyait déjà le puissant historien que l'Angleterre vient de perdre, quand malgré le point de vue où l'avait placé sa naissance, il disait de l'autorité qui constitue le centre toujours vivant de cette unité sans pareille : « Elle était grande et respectée, avant que les Saxons eussent mis le pied sur le sol de la Grande-Bretagne, avant que les Francs eussent passé le Rhin, quand l'éloquence grecque était florissante à Antioche, quand les idoles étaient encore adorées dans le temple de la Mecque.... Elle peut donc être grande et respectée encore cette papauté, alors que quelque voyageur de la Nouvelle-Zélande s'arrêtera au milieu d'une vaste solitude, contre une arche brisée du pont de Londres, pour dessiner les ruines de St-Paul.[1] »

Ce qu'entrevoyait Macauley, il nous est aisé de le voir, car n'est-elle pas plus grande, plus vivante, plus respectée que jamais cette puissance religieuse que tant d'esprits vraiment forts et qui la méconnaissaient naguère en France, en Allemagne, en Angleterre, regardèrent enfin de plus près pour la mieux combattre, et reconnurent ainsi pour leur mère ? N'apparaît-elle pas plus grande, plus digne de respect, tout à fait digne de foi, cette doctrine que le XVIIIe siècle voulut vaincre en conviant

(1) Macauley.

toutes les sciences au combat, et que toutes les sciences rencontrèrent au bout de leurs voies, comme l'œuvre évidente de celui qui n'est nulle part en contradiction avec lui-même? Encore un peu, et vous la verrez glorifiée par la liberté comme par la science, car les peuples trompés par le demi-savoir qui leur montre l'unité ou l'autorité du christianisme vivant, c'est-à-dire l'Eglise, comme leur implacable adversaire, la réclameront bientôt comme leur suprême alliée, comme leur dernière ressource contre les tyrannies qu'ils auront faites en s'égarant, et reconnaîtront enfin que nul n'a le droit de parler de liberté, s'il ne montre d'abord une loi que l'homme ne fait pas, mais qui fait l'homme, une loi à laquelle nulle puissance ne peut toucher, que cette puissance soit celle d'un seul, de plusieurs, ou du plus grand nombre.

Oui, comme le mouvement des âmes, comme le mouvement des sciences, le mouvement des nations va, d'un côté, à une plus grande unité religieuse; et d'un autre côté, le triple mouvement contraire va à une plus grande unité anti-religieuse, à la suprême unité de la négation qui tend à placer l'homme partout où le christianisme nous montre

Dieu. Mais si ce n'est ici ni le lieu, ni l'heure de développer ces pensées, c'est le lieu et l'heure de dire de l'art ce que je viens d'affirmer de la science et du mouvement social :

Il existe, en effet, dans l'art, et principalement dans l'art monumental, un mouvement de progrès qui est aussi un mouvement de retour. Vous ne serez pas choqués, Messieurs, de cette apparente contradiction de termes, car vous savez que la renaissance, par exemple, fut sous certains rapports un progrès véritable, et cependant un retour vers l'antiquité. Et puisque je parle de la renaissance, pourquoi ne ferai-je pas remarquer en passant, que si elle a coïncidé avec le commencement de l'époque de négation qui s'en va, elle n'a pas été cependant la source de l'esprit qui a caractérisé cette époque ?

Je pourrais en donner bien des preuves, mais deux noms y suppléeront efficacement : En effet, Luther fut l'ennemi déclaré du mouvement artistique, et Léon X en fut le grand promoteur. Il faut avouer cependant que l'esprit de négation s'empara plus tard du mouvement de la renaissance, et qu'à l'aide de la perfection des formes de l'art antique, il tenta de faire rétrograder le monde moderne, c'est-à-dire le monde chrétien, vers les idées du paganisme. De là le fanatisme de la renaissance qui alla jusqu'à méconnaître la supériorité du génie chrétien dans les grandes conceptions monumentales du moyen âge. De là aussi, par une juste réaction, le mouvement qui se produit aujourd'hui dans le sein de toutes les nations civilisées, et qui les porte à la restauration des sublimes poèmes en pierre qu'on appelle cathédrales, mouvement qui est incontestablement à son tour un mouvement de progrès.

Mais ce progrès ne s'arrêtera pas là, car les cathédrales du moyen âge ne sont pas le dernier mot de l'art chrétien.

Cet art est nécessairement progressif, comme tout ce qui sort du principe chrétien, comme la science même de la foi, comme l'intelligence du dogme. Ecoutez une parole qui l'affirme et qui vient de haut :

« Le progrès existe et il est très-grand, mais c'est le vrai progrès de la foi, ce n'en est pas le changement. Il faut que l'intelligence, la science et la sagesse de tous, comme de chacun en particulier, des âges et des siècles, de toute l'Eglise comme des individus, croissent et fassent de grands, de très-grands progrès, afin que l'on comprenne plus clairement ce que l'on croyait d'abord plus obscurément, afin que la postérité ait le bonheur de comprendre ce que l'antiquité vénérait sans l'entendre, afin que les pierres précieuses du dogme divin soient travaillées, exactement adaptées, sagement ornées, et qu'elles s'enrichissent de grâce, de splendeur, de beauté, mais toujours dans le même genre, c'est-à-dire, dans la même doctrine, dans le même sens, dans la même substance, de façon qu'en se servant de termes nouveaux, on ne dise pas de choses nouvelles. »

Qui parle ainsi? Le Pape Pie IX.[1] Mais c'est du néochristianisme, dira-t-on peut-être?

Non, car Pie IX n'a fait que rappeler les paroles même de Vincent de Lérins, un moine du IVe et du Ve siècle.[2]

Encore un coup donc, s'il y a progrès dans l'intelligence, dans la science même du dogme, par cela seul que la vérité divine est inépuisable en lumières, et que l'esprit humain peut et doit s'en éclairer de plus en plus, il y aura aussi pro-

(1) Bref du 17 mars 1856 aux évêques de l'Empire d'Autriche.

(2) Commonitorium peregrini.

grès dans l'art chrétien. Mais quelles seront les conditions du progrès de l'art dans le monde nouveau, car c'est ainsi qu'il faut appeler la chrétienté s'avançant toujours vers la perfection chrétienne sans jamais l'atteindre ?

Il ne m'appartient pas de les déterminer toutes, Messieurs, mais il me semble que l'une de ces conditions serait d'établir une alliance entre tout ce qu'il y eut de vrai dans le mouvement de la renaissance et tout ce qu'il y a de vrai dans le mouvement actuel. On réunirait ainsi la perfection de l'art antique sous le rapport de l'imitation matérielle de la nature, surtout dans les œuvres de la sculpure et de la peinture, (comme on l'a fait depuis la renaissance), à la perfection de l'art moderne sous le rapport de l'inspiration spirituelle. Je ne dis pas seulement de l'inspiration idéale, parce que le monde sprituel n'est pas une simple idée de l'homme, mais un fait, mais un grand fait comme le monde physique lui-même. L'idée humaine n'est que le tableau mental de la réalité spirituelle vivante, comme un tableau est la représentation de la réalité matérielle vivante ou inanimée. Le progrès de l'art me semble donc exiger l'entente des deux écoles dont l'une *se dit* réaliste et l'autre spiritualiste, mais qui sont toutes les deux réalistes, en ce sens que l'une reproduit la réalité matérielle, et l'autre la réalité spirituelle, sublime réalité objective qui se reflète comme la première dans nos pensées et dans nos œuvres.

A celui qui en douterait, je lui dirais de se placer en face de l'une de ces figures de Vierge sorties du pinceau de *fra Angelico*, et je lui demanderais si ce qu'exprime cette figure n'est pas quelque chose de réel? Si ce n'est pas, encore une fois, la vérité que l'homme ne fait pas, mais qui fait l'homme, la vérité qui l'illumine et l'élève à sa fin, à sa destinée surhumaine ou divinement humaine? N'est-ce pas ce reflet de la verité divine qu'on rencontre partout dans les chefs-d'œuvre de l'art chrétien, chefs-d'œuvre de peinture, de sculpture, d'architecture? A Dieu ne plaise cependant que la vérité spirituelle fasse jamais mépriser la vérité matérielle, et que le sentiment de la vérité surnaturelle fasse jamais négliger l'imitation de la vérité naturelle. Non, car il faut que l'artiste soit *le fidèle copiste de Dieu* à tous les degrés de la création qu'il peut atteindre, comme je me suis permis de le dire à Pugin, que j'eus l'heureuse fortune de rencontrer un jour à Assise. Mais il faut aussi que l'on reconnaisse l'absurdité de l'erreur qui tend à devenir de mode aujourd'hui, et qui ne voit dans le monde spirituel qu'une simple création de notre pensée, qu'une idée toute subjective de l'homme, qu'un pur idéal sans objet préexistant, en un mot qu'un vrai rêve. Il faut qu'on cesse d'appeler foi, malgré la raison et le bon sens, la vaine adhésion de l'esprit de l'homme à ses propres rêves, et que l'on revienne à l'intelligence de ce grand mot de foi qui, dans toutes les langues, dans toutes les philosophies, dans tous les siècles, a toujours signifié l'adhésion de l'esprit humain au témoignage de Dieu, témoignage visiblement divin de la vérité encore invisible. Il faut enfin que l'on sache que si le témoignage de nos yeux nous donne la certitude des réalités du monde visible, nous ne pouvons avoir de certitude sur les réalités du monde invisible que par le seul témoin compétent de l'éternité, et que c'est en s'appuyant sur ces deux témoignages dûment éprouvés et reconnus,[1] que

(1) Je dis dûment éprouvés et reconnus, car le témoignage des yeux trompe quelquefois, et ce que l'on prend pour le témoignage de Dieu, pour la révélation, n'en est quelquefois que l'altération. Mais cette altération n'empêche pas que la raison ait raison de vouloir le témoignage de Dieu sur le

l'artiste doit tendre à la reproduction de plus en plus parfaite des deux ordres de réalités objectives du monde matériel et du monde spirituel. Celui-ci est l'œuvre de Dieu comme l'autre. Comme l'autre aussi, il manifeste son auteur, par son unité et par l'immutabilité de ses lois, unité et immutabilité resplendissantes que l'homme peut méconnaître, mais qu'il ne peut pas détruire; comme l'autre enfin, il veut être de plus en plus connu, de plus en plus aimé, de plus en plus imité dans les œuvres de la pensée et de l'art.

Ces principes, Messieurs, je les crois sûrs et irréfutables, mais leur application pratique à l'art monumental n'est guère de ma compétence. Je ne puis donc que soumettre à votre science et à votre expérience deux questions qui me paraissent du moins ouvrir la voie au progrès de l'art monumental :

1° La restauration des grands édifices du moyen âge ayant un but à la fois artistique et historique, exige évidemment que tout, dans ces monuments, soit rétabli dans sa forme primitive. Mais les œuvres nouvelles conçues dans le même style,

monde invisible, et qu'elle le reconnaisse sans peine à son unité victorieuse du temps et de tout le reste.

doivent-elles, en reproduisant ses magnificences, imiter aussi ses imperfections trop réelles? Doivent-elles offrir encore à nos regards les défauts de dessin du XIIIe siècle, dans la peinture et la sculpture des grandes scènes de la foi et de la vie chrétienne? Que l'on y conserve scrupuleusement tout ce qui constitue le style gothique, par exemple, *et que l'on n'y mêle rien d'incompatible avec lui, rien qui implique un mélange de styles,* à la bonne heure, mais pourquoi, dans des statues ou des tableaux où *l'attitude et surtout l'expression* de ces vieilles images si pleines de vérité seraient conservées, pourquoi faudrait-il que la *vérité naturelle* du dessin continuât à être méconnue, et que (passez-moi cette indication prise au hasard) les pieds et les mains de nos pères n'y fussent pas de vrais pieds et de vraies mains? C'est là précisément ce que j'ai demandé à Pugin lui-même qui me parut tout à fait à tort, contrarié de ma question.[1]

2° Le style gothique n'admettrait-il pas un autre genre de progrès encore? Exclurait-il, entre autres perfectionnements, toute espèce de coupole?

(1) On voit dans quel sens nous parlons de l'entente des deux écoles, et dans quelle mesure nous la comprenons.

Diverses églises de Padoue, et surtout le Dôme (Il domo) de Florence répondent négativement à cette question. Je sais bien que ces temples sont loin de valoir nos cathédrales du Nord, mais pourquoi ce qui a été fait à Florence ne se ferait-il pas encore avec plus de goût et plus de grandeur? Pourquoi une cathédrale tout ogivale ne serait-elle pas couronnée d'une coupole? La chose n'a-t-elle pas été essayée à Anvers et ailleurs? Les grandes allées de nos forêts, que le style ogival semble imiter, ne sont-elles pas couronnées de la voûte du ciel? Pourquoi donc des coupoles grandioses comme celle de Saint-Pierre, *quoique d'une autre forme*, ne viendraient-elles pas, dans de nouvelles basiliques, fières rivales des anciennes, servir de centre aux flèches qui les dépasseraient, comme la pensée dépasse le ciel étoilé quand elle se met à la recherche de Dieu![1]

(1) Cette idée nous a été suggérée par ce qui se voit dans l'admirable cathédrale romane de Tournai. Un véritable essai de coupole orne le milieu de son transept; et la tour avec le clocher qui couvre cette espèce de coupole, s'y trouve entourée de quatre autres tours romanes plus élevées? Pourquoi donc une coupole appropriée au style ogival, comme celle de Florence, ne pourrait-elle pas être entourée de flèches gothi-

Vous le voyez, Messieurs, ce ne sont là que deux simples données, deux applications problématiques des principes que j'ai posés ou plutôt rappelés.

Ces données, je vous les abandonne comme on abandonne des questions douteuses à leurs juges naturels, mais les principes eux-mêmes ne sont pas douteux, et je vous renouvelle en finissant, Messieurs, l'expression du regret que j'éprouve de ne pouvoir me rendre au milieu de vous pour les défendre, supposé toute fois qu'ils y aient besoin de défense.[1]

III

Mais, grâces à Dieu, nous fûmes loin d'en être seul le défenseur. Les organisateurs du Congrès avaient dit : « C'est une lutte que nous provoquons

ques qui la dépasseraient ? Celles-ci ne sont-elles pas moins lourdes que des tours romanes ? On dira : Cela ne s'est jamais fait. Mais, avant que des constructions comme celles de Tournai eussent été conçues et réalisées, cela ne s'était jamais fait non plus. Nous reviendrons tout à l'heure sur ce sujet à l'aide d'autorités compétentes.

(1) Compte rendu, etc., 116-123.

entre toutes les doctrines, » et à cet appel, de plus forts lutteurs que nous étaient descendus dans l'arène. L'Allemagne, la France, l'Angleterre, l'Italie, la Hollande, la Belgique, firent entendre à Anvers des voix fièrement catholiques, profondément convaincues, et toutes dévouées à la cause de ceux qui veulent le progrès des sciences et des arts dans la voie toujours ancienne et toujours nouvelle de la vérité de la nature, et de la vérité de la révélation. Les doctrines opposées ne manquèrent pas non plus d'avocats, nous l'avons vu, mais ceux-ci firent de vains efforts pour rester maîtres du champ de bataille. Les questions d'intérêt matériel reçurent seules une pleine solution. Des trois questions d'intérêt artistique, deux seulement furent résolues : « L'assemblée, dit le compte rendu de ses travaux, a reconnu que l'architecture ne s'est pas élevée à la hauteur des autres manifestations de l'esprit moderne ; que l'alliance de l'architecture, de la sculpture et de la peinture, est indispensable à la perfection de l'art monumental, et qu'enfin le moyen d'établir cette alliance est de donner aux jeunes artistes des notions d'esthétique plus générales ; mais quand il s'est agi de répondre à cette question : N'est-ce pas dans l'alliance de l'architecture, de la peinture et de la sculpture que l'art monumental pourrait trouver les éléments d'un style nouveau qui caractériserait notre époque, *le Congrès s'est abstenu*, sans doute parce qu'il ne croyait pas pouvoir résoudre par des moyens techniques, un problème dont la solution est, au fond, du domaine purement philosophique.[1] » Mais la troisième section du Congrès, chargée précisément de discuter ce problème, s'est-elle abstenue à son tour? N'a-t-elle proposé aucune solution à l'assemblée générale, et celle-ci n'a-t-elle rien résolu non plus? Ecoutons d'abord le rapporteur de la section philosophique :

« 3me *Question*. — « Quelle influence peut-on reconnaître à l'esprit moderne sur l'art contemporain? Notre époque ne possède-t-elle pas un principe nouveau qui puisse donner aux arts plastiques une expression et une direction nouvelles? »

» Une question préalable a été soulevée; c'est celle-ci : y a-t-il un esprit moderne?

» Non, a dit un membre, et, à l'appui de cette assertion, il a fait remarquer qu'il n'y avait pas d'art contemporain original.

(1) Compte rendu, etc., p. 15.

» La section, Messieurs, a reconnu une part de vérité à cette opinion, et elle a substitué le mot *tendances* de l'esprit moderne au mot : esprit moderne.

» Quelles sont ces tendances?

» Il y a des membres qui ont pensé que le réalisme était la tendance vraiment caractéristique de notre époque. La photographie, et plus encore, le stéréoscope, voilà quel serait le dernier mot de l'art aujourd'hui.

» Telle n'est pas la pensée de la section. Ainsi que nous l'avons vu, sur la première question, la suprématie de l'esprit sur la matière a été admise par tous les orateurs. L'art, tout en étant individuel, procède dans l'individu de l'idée et du sentiment, éléments supra-sensibles, tout à fait distincts de la donnée objective que l'art s'attache à rendre.

» Nous avons dit jusqu'ici que la section avait été unanime pour se prononcer dans ce sens. Toutefois la défense du réalisme a été entreprise par un membre particulièrement autorisé pour défendre cette opinion. Il a fait consister le caractère de l'art moderne dans la négation de l'idéal.

» Il est vrai qu'il lui a été objecté avec l'assentiment de l'assemblée, que celles de ses œuvres qui avaient le plus attiré l'attention étaient précisément celles où se faisait remarquer quelque chose de plus que l'imitation pure et simple de la nature.

» La question a été prise de plus haut. En jetant les yeux sur l'histoire de l'humanité, un orateur a montré que chaque époque avait eu son caractère distinctif, original. Il a passé en revue successivement la Grèce, Rome, la Réforme, la Révolution française; il s'est demandé si notre époque avait un caractère, si elle avait ses tendances propres.

» Entrant dans cette voie, on a pensé que ce qui caractérisait l'époque actuelle, c'était la souveraineté du peuple, ou, pour mieux dire, un sentiment plus développé, plus éclairé, de la dignité humaine.

» Mais n'y a-t-il rien au-dessus de l'homme qui puisse fournir à l'artiste une inspiration vraie et féconde? L'art ne devra-t-il pas chercher son inspiration dans un domaine supérieur à la nature humaine, c'est-à-dire dans l'infini, dans la Divinité, en un mot. Il est bien entendu que ce sera toujours dans l'indépendance de sa pensée.

» Une discussion animée s'est engagée sur ce point.

» Un orateur, dont l'opinion a été appuyée par un autre membre de la section, a émis l'opinion que cette idée de l'absolu, de l'infini, de la divinité enfin, ne pouvait plus être une source d'inspiration pour l'artiste, parce que, suivant eux, cette idée n'est pas compatible avec la liberté indispensable à l'artiste, dans un temps où l'artiste ne croit plus.

Un autre orateur a protesté énergiquement, il a soutenu que les tendances de la pensée moderne n'étaient nullement matérialistes ; il s'est attaché en particulier à montrer les conséquences funestes et dégradantes que ces tendances entraîneraient au point de vue de l'art, si elles devaient être érigées en doctrine et adoptées d'une manière générale. Il a opposé, dans un contraste saisissant, l'artiste s'inspirant du seul amour de son art, faisant de cet art un sacerdoce, à celui qui, désertant sa véritable mission, ne cherche dans son art qu'un moyen de flatter le caprice ou la passion du jour, ou s'asservit au culte du veau d'or.

» Quel est maintenant le moyen le plus propre à rendre la pensée moderne?

» Telle est la quatrième et dernière question. La section ayant généralement admis que la tendance caractéristique de notre époque était surtout de populariser l'art et de répandre son influence salutaire sur les classes les plus nombreuses, le moyen qui devait le mieux réaliser cette tendance a paru être la peinture murale, qui met l'œuvre de l'artiste sous les yeux de tous et le soustrait lui-même à des influences tout individuelles et passagères.[1] »

Cette conclusion, il faut bien l'avouer, n'est pas fort glorieuse pour la pensée moderne. Cette pensée devait se répandre symbolisée par un style nouveau comme elle, et vraiment digne d'elle, et voilà qu'au lieu de trouver son expression dans un nouveau style, elle ne la trouve que dans la peinture murale!

Une montagne en mal d'enfant
Jetait une clameur si haute,
Que chacun au bruit accourant
Crut qu'elle accoucherait, sans faute,
D'une cité plus grosse que Paris;
Elle accoucha d'une Souris.

Ne soyons donc pas surpris de la modestie du compte rendu, lorsqu'après nous avoir appris que le Congrès proclama l'union intime de la philosophie et de l'art, et rendit un éclatant hommage

(1) Compte rendu, etc., p. 273-275.

au caractère idéal de l'inspiration artistique, ajoute de sa voix la plus basse :

« Ses conclusions sur les deux dernières parties du programme n'ont pas été aussi précises, sans doute, que ses votes sur les questions d'intérêt matériel, mais la commission organisatrice ne s'attendait pas à voir résoudre toutes les questions soumises à l'assemblée; il lui suffisait que toutes fussent discutées, sachant que le temps vient en aide à ceux qui cherchent et que l'examen finit toujours par porter ses fruits.[1] »

C'est une consolation pour ceux qui cherchaient un style nouveau symbolisant la pensée moderne, et qui n'ont encore trouvé pour la représenter que la peinture murale. Cependant, M. le Président de la 3me section n'a pas paru se contenter de cette consolation; il en a cherché une autre, et nous le félicitons de ne l'avoir pas attendue de l'avenir : « Il faut un idéal, s'est-il écrié; tout le monde l'a reconnu. Où le trouver? L'idée de Dieu lui donne seule un caractère réel. Cependant quelques-uns de ceux qui ont pris la parole ont paru se défier de toute influence de l'idée religieuse, et y voir un

(1) Compte rendu, etc., p. 16.

danger mortel pour l'indépendance de l'artiste. Ces défiances ne seraient justifiées qu'autant qu'il s'agirait d'une idée religieuse *que la raison n'accepterait pas librement*. Mais qu'il s'agisse *d'un Dieu salué par la raison humaine*, et vous avez *un principe* avec lequel *il faut* que l'art compte, sous peine de ne pas atteindre sa hauteur légitime.[1] »

A la bonne heure ! Cependant, nous sommes tentés de penser qu'en prononçant ces paroles, M. Callier les a crues quelque peu offensantes pour des oreilles catholiques. Elles ne le sont pourtant pas, puisque l'acte de foi ou d'adhésion à la révélation que le Dieu vivant nous fait de lui-même, est un acte essentiellement libre de l'intelligence humaine. Mais si les paroles de M. Callier n'offensent pas la foi chrétienne, le sens qu'elles recouvrent la blesse probablement, car ce sens doit être identique à celui d'autres paroles qui, dans le même rapport, précèdent celles de M. le Président : « L'art s'inspire de la pensée, dit le rapporteur, et n'est pas une invitation servile de la nature : voilà *l'avis unanime* de la section. Quant à la pensée elle-même, elle doit, *suivant l'opinion du plus*

(1) Compte rendu, etc., p. 275.

grand nombre, n'être pas dictée par une école ou une croyance. Elle doit être *libre et spontanée*.[1] » Suivant l'opinion de la majorité de cette section, il ne suffit donc pas que l'idée religieuse soit librement acceptée, que le vrai Dieu soit librement reconnu ou salué par la raison, il faut de plus que la vérité sur Dieu *ne soit pas révélée*, mais qu'elle soit *spontanée*, c'est-à-dire qu'elle sorte exclusivement de l'esprit humain. L'une des conditions fondamentales de la liberté d'examen, selon ces nouveaux docteurs, serait donc *que la raison ne fût pas libre d'examiner si Dieu a parlé, si le fait de la révélation est constaté, si ses caractères sont, oui ou non, démonstratifs de leur origine! Ce serait, en d'autres termes, que la raison ne fût pas libre de jouir d'une autre lumière que de la sienne; qu'elle fût réduite à ne pas sortir d'elle-même, à rester l'esclave de sa spontanéité ou de sa faiblesse, à ne pouvoir s'appuyer sur un secours extérieur, ce secours lui vînt-il manifestement de son propre principe ou de son auteur!* Si c'est en ce sens qu'on a proclamé la nécessité d'un Dieu salué par la raison, l'on n'a certainement pas proclamé le Dieu de

(1) Compte rendu, etc., p. 273.

la raison. La raison a-t-elle jamais dit, ou dira-t-elle jamais que la vérité sur Dieu ne peut lui être manifestée par une autre lumière que la sienne? Ne puis-je donc ouvrir les yeux de mon intelligence à une autre lumière qu'à celle du flambeau que je porte en moi? Et quand l'astre du jour se lève, et me découvre des horizons que je n'apercevais pas sans lui, est-ce la raison qui me dit de fermer les yeux parce que la lumière du jour n'est pas sortie de moi? La raison voit bien des choses, mais il en est d'autres qu'elle a besoin de connaître et qu'elle ne peut apprendre que de Dieu. La religion, la révélation, a dit Maine de Biran, résout seule pleinement les questions que la philosophie pose sur la destinée humaine, et quand la parole de Dieu me donne le mot de la grande énigme, quand elle me dit d'où je viens, où je vais, pourquoi je souffre, pourquoi je meurs, pourquoi je suis en lutte avec moi-même, d'où vient la force qui doit m'aider à me vaincre et à me faire mériter la couronne, est-ce la raison qui me dit de fermer l'oreille à cette parole parce qu'elle ne l'a pas prononcée? Qu'on se rassure donc, le Dieu de l'Evangile, le Dieu de la révélation de tous les temps, ne craint pas le regard de la raison. C'est à la raison qu'il parle, et c'est par elle qu'il se fait reconnaître comme son auteur, comme son principe et sa fin. Qu'on cesse donc de craindre pour la liberté, car c'est la libre adhésion de notre intelligence que Dieu réclame, quand il nous demande la foi, et quand il nous y oblige. Nous sommes libres de fermer les yeux à sa lumière, comme nous sommes libres de choisir entre le bien et le mal, mais cette double liberté n'est ni le droit à l'erreur, ni le droit à l'iniquité, et nous rendrons compte à Dieu du choix que nous aurons fait. Qu'on cesse aussi de craindre pour le progrès. Si la nature qui ne change pas, n'en est pas moins pour le savant et pour l'artiste une source inépuisable de découvertes et d'inspirations toujours nouvelles, pourquoi la révélation qui est l'œuvre de Dieu comme la nature, et qui nous découvre les ineffables harmonies du monde visible et du monde invisible, pourquoi ne serait-elle pas comme la nature, et à plus forte raison que la nature, une source également inépuisable d'inspirations et de découvertes? Nous ne disons pas que l'*idéal* de l'artiste doive lui être dicté par une école ou par une croyance humaine, mais nous affirmons que cet idéal doit être conforme à la vérité de la nature et à la vérité de la révélation qui sont toutes les deux l'œuvre de Dieu, et qui se font reconnaître toutes les deux par la raison à la splendeur de leurs caractères. Nous affirmons donc que l'artiste doit être le fidèle copiste de Dieu, dans les deux sphères de la vérité divinement manifestée, ou aux deux degrés de l'intelligible divin, et que la nature et la révélation sont les deux sources du progrès de l'art, comme elles le sont du progrès de la science, de la pleine science qui embrasse les rapports des deux mondes.

Cette affirmation cependant, n'a pas été du goût de tous nos lecteurs, et ce qui semble étonnant, c'est qu'elle ait déplu à des chrétiens. Appuyé sur le principe qu'elle énonce, nous avons dit que si l'esprit antichrétien s'est emparé du mouvement de la renaissance pour le pousser jusqu'au fanatisme, et pour faire rétrograder le monde moderne, c'est-à-dire le monde chrétien, jusqu'aux idées du monde païen, tout ne fut pourtant pas faux dans ce mouvement de la renaissance, parce qu'il avait aussi pour but de retrouver la perfection de l'art antique dans l'imitation de la nature. Le Dante n'encourageait-il pas Giotto dans cette voie ? Et ceux qui l'ont suivie depuis Giotto jusqu'à Raphaël et Michel-Ange, ont-ils donc fait fausse route sous tous les rapports?

Certes, il faut regretter vivement que ces grands peintres, en imitant la nature dans ce qu'elle tient de Dieu, dans ce qu'elle a de vrai, de beau, de sublime, aient quelquefois sacrifié à ce qu'elle ne tient que de l'homme, au sensualisme qui l'abaisse et la dégrade, et qu'ils l'aient fait par une sorte de culte renouvelé du paganisme. Il faut regretter aussi qu'ils aient cessé d'avancer dans la voie ouverte par Fiesole et Pérugin, et négligé d'unir toujours dans leurs œuvres ce que Raphaël avait d'abord uni dans les siennes, la vérité de la nature et l'élévation de la grâce; mais encore une fois devons-nous dire pour cela que tout fut faux dans la renaissance, et qu'il ne faut pas s'efforcer de réunir *la perfection de l'art antique sous le rapport de l'imitation matérielle de la nature,*[1] *surtout dans les œuvres de la sculpture et de la peinture (comme on l'a fait depuis la renaissance), à la perfection de l'art chrétien sous le rapport de l'inspiration spirituelle?* Avons-nous eu tort en parlant ainsi, et en ajoutant encore : *Le fanatisme de la renaissance*

(1) Faut-il montrer par le texte et par le contexte, qu'il ne s'agit ici que de la reproduction de *la vérité* de la nature, et non de la reproduction sensualiste de sa dégradation.

*alla jusqu'à faire méconnaître la supériorité du génie chrétien dans les grandes conceptions monumentales du moyen âge, et de là, par une juste réaction, le mouvement qui se produit aujourd'hui chez toutes les nations civilisées, et qui les porte à la restauration des sublimes poèmes en pierre qu'on appelle cathédrales, mouvement qui est incontestablement à son tour un mouvement de progrès. Mais si cette restauration dont le but est à la fois artistique et historique, exige évidemment que tout, dans ces monuments, soit rétabli dans sa forme primitive, les œuvres nouvelles conçues dans le même style, doivent-elles, en reproduisant ses magnificences, imiter aussi ses imperfections trop réelles? Doivent-elles offrir encore à nos regards les défauts de dessin du XIII*me *siècle, dans la peinture et la sculpture des grandes scènes de la vie chrétienne?* Que l'on y conserve scrupuleusement tout ce qui constitue le style gothique, par exemple, *et que l'on n'y mêle rien d'incompatible avec lui, rien qui implique un mélange de styles,* à la bonne heure, mais pourquoi, dans des statues ou des tableaux où l'attitude et surtout l'expression de ces vieilles images si pleines de vérité seraient conservées, pourquoi faudrait-il que *la vérité naturelle* du dessin continuât à être méconnue, et que, (passez-moi cette indication prise au hasard) les pieds et les mains de nos pères n'y fussent pas de vrais pieds et de vraies mains? C'est là *précisément* ce que j'ai demandé à Pugin lui-même qui me parut, tout à fait à tort, contrarié de ma question.[1] »

On voit dans quel sens nous avons parlé de l'entente des deux écoles, et dans quelle mesure nous l'avons comprise. Eh bien! voici l'incroyable interprétation donnée à nos paroles par une brochure qui vit le jour en 1861 :

« Pour rêver l'alliance du réalisme et du spiritualisme, du gothique et de la renaissance, Ange de Fiesole donnant la main à Teniers, et le dôme de saint Pierre percé de flèches gothiques, il ne faut consulter ni les savants ni leurs livres. Si vous en parliez à Pugin, il croirait que vous vous moquez de lui : *tout à fait à tort*, à notre avis, c'est un amusement très-innocent. »

L'auteur de cette interprétation s'est livré, nous semble-t-il, à un amusement moins innocent, lorsqu'il a cru pouvoir dénaturer ainsi notre pensée. Nous n'avons pas rêvé l'alliance du spiri-

(1) Lettre au Congrès artistique, sup.

tualisme avec l'école qui s'arroge aujourd'hui le monopole du réalisme, comme s'il n'y avait de réalité que celle du monde sensible; non, nous ne l'avons pas rêvée, puisque le réalisme de nos jours rejette le spiritualisme, et fait profession de renier l'objet même du spritualisme comme un vain mot. Nous n'avons pas rêvé l'alliance du gothique et de la renaissance, puisque nous avons protesté *contre tout mélange de styles*, et que nous avons uniquement soutenu que le style gothique n'exige pas le moins du monde que dans les œuvres du sculpteur ou du peintre, la vérité naturelle du dessin soit méconnue. Nous n'avons pas rêvé Ange de Fiesole donnant la main à Teniers, puisqu'aucune de nos paroles n'autorise, et que toutes défendent de nous attribuer l'idée bouffonne d'unir le genre de peinture qui reproduit les fêtes populaires flamandes à celui qui reproduit les grandes scènes de la vie chrétienne, et de les mêler dans les sanctuaires du Dieu vivant. Mais nous avons dit et nous maintenons, que les défauts du dessin du moyen âge ne sont pas une condition du style gothique, et que dans les tableaux ou les statues où la vérité des costumes, *de l'attitude et de l'expression* chrétiennes serait conservée, il ne faudrait pas qu'une fanatique imitation des défauts mêmes des grandes œuvres de cette époque, fît donner aux saints représentés par ces statues ou ces images, des mains, par exemple, et des pieds tout autres que Dieu ne les a faits. Voilà, précisément, ce que nous avons dit à Pugin qui ne prit pas du tout ce que nous lui disions comme une moquerie, mais qui fut visiblement embarrassé par l'évidence de la vérité, car nous avions eu soin de lui faire observer que nous ne parlions pas de la restauration d'anciens monuments, mais de la construction nouvelle d'autres monuments de même style. Or, ce que nous avons dit à Pugin, nous le redisons à l'écrivain qui a cru pouvoir défigurer notre pensée au point de n'en donner que la caricature. « Le dôme de saint Pierre percé de flèches gothiques » est le dernier trait de cette caricature. Nous avons demandé si le style gothique excluait *toute espèce*[1] de coupole, et pourquoi des cathédrales ogivales ne seraient pas couronnées de coupoles grandioses comme celle de Saint-Pierre, *quoique dans une autre forme?*[2] Nous avons ajouté que la cathédrale ogivale de Florence répondait à cette question par

(1) Voyez plus haut. (2) Ibid.

le fameux dôme de Brunescelli, et que des œuvres semblables avaient été essayées aussi dans quelques cathédrales du Nord, à Anvers par exemple où l'on peut voir encore les pierres d'attente de l'ouvrage qui n'y fut qu'ébauché. Nous nous sommes borné toutefois à poser des questions sur ces différents points, parce que, avons-nous dit, l'application des principes généraux du progrès des arts à l'architecture, n'était pas de notre compétence.[1] Mais voici ce que nous écrivit à ce sujet un homme compétent, un membre de la deuxième section du congrès, un architecte d'un mérite reconnu, auquel fut confiée la construction de plusieurs églises ogivales dans les premières villes de Hollande :

« La coupole ne doit pas être exclue par principe des monuments chrétiens. L'idée que vous avez énoncée dans votre lettre au congrès, je l'ai réalisée il y a deux ans dans une église ogivale à Rotterdam, et je la réalise encore dans une église actuellement en construction à Amsterdam. »

Nous ne tenons pas plus qu'il le faut à l'application que nous avons donnée comme problématique[2]

(1) Voyez plus haut. (2) Ibid.

des principes que nous avons défendus comme incontestables, mais nous n'avons pas voulu laisser sans réponse, une critique qui dénaturait ces principes eux-mêmes, au point de nous attribuer, malgré nos paroles les plus formelles, la pensée d'introduire dans la peinture et la sculpture sacrées les abus eux-mêmes de la renaissance, par l'alliance burlesque de Teniers et de Fiesole.

Comment expliquer une pareille méprise ? On la comprendrait chez un artiste exclusivement épris du style gothique, et dont l'œil blessé dans sa passion favorite, resterait irrité par l'esprit de système; mais ce n'est pas le cas ; il ne s'agit pas d'un artiste.

Du reste, dans la sphère des arts comme dans celle des spéculations philosophiques, l'esprit de système va jusqu'à la passion. Nous avons entendu un savant anglais, homme d'esprit et fervent catholique, soutenir sans sourciller que l'architecture gothique est seule vraiment chrétienne, et que l'architecture classique est toujours païenne, parce qu'elle l'est essentiellement. Nous eûmes beau lui faire observer que le paganisme n'est pas et ne peut pas être dans les lignes ou dans les formes de l'architecture antique, mais uniquement dans l'esprit qui leur imprimait son caractère, et qui les mettait au service de l'idolâtrie; que le cercle et le triangle, le plein cintre et l'ogive, ne sont par eux-mêmes ni païens ni chrétiens; que les différents genres d'architecture, comme les différentes langues, n'appartiennent à la vérité ou au mensonge que par l'usage qu'on en fait; que la foi chrétienne use de toutes les formes architecturales, comme elle use de toutes les langues, parce que tout ce qui est le produit de la nature et du génie de l'homme doit être rapporté à Dieu et consacré à sa gloire; nous ne fîmes que perdre nos peines, et notre cher anglais, grand partisan de l'opinion qui fait naître en Angleterre le style improprement appelé gothique, tint bon et ne recula pas d'une semelle. Certes, les églises ogivales, par cela seul qu'elles furent élevées sous l'inspiration de la foi, exprimèrent l'esprit du christianisme par l'usage même qu'on y fit des formes architecturales, et dans leur ensemble et dans leurs détails, et c'est ce tout harmonieux qui fait du style ogival un style chrétien, sans que l'ogive doive être déclarée pour cela chrétienne par elle-même.[1] Mais si le style

(1) « Quelques-uns des plus vieux monuments des Pha-

ogival qui caractérise l'architecture de la seconde moitié du moyen âge, fit des monuments religieux de grands corps vivants de l'âme chrétienne, dirons-nous que le style byzantin, et ensuite le style romano-byzantin, qui caractérisèrent l'architecture de la première période de cet âge, ne furent pas des styles chrétiens, parce que le plein cintre et non l'ogive fut le principe générateur de cette architecture? Non, nous ne le dirons pas, car les églises byzantines et romanes, sont pleines aussi de l'esprit du christianisme. Le souffle de la foi en a visiblement élevé les arcades[2] et transfiguré l'ensemble. Mais si la foi a christianisé l'architecture romane,

raons, en Egypte, plusieurs constructions pélasgiques du Latium, des tombeaux helléniques de la Sicile, l'ouverture de l'aqueduc de Tusculum, et même d'anciens édifices du Mexique ont présenté la forme de l'ogive. Elle remonte par conséquent à la plus haute antiquité, et quoique grossière et lourde, elle n'en est pas moins caractérisée. (Bourassé. Archéol. chrétienne.) » Mais c'est son emploi comme procédé systématique, et non comme accident, qui fut le principe générateur de l'art appelé gothique.

(2) L'antiquité ne nous offre aucun exemple de l'arcade élevée sur les colonnes de ses temples. Elle y a été substituée à l'architrave des anciens par le génie du christianisme. Mais n'allons pas dire pour cela que la foi l'a révélée, elle n'a fait

c'est-à-dire l'architecture gréco-romaine en décadence, pourquoi ne pourrait-elle pas en faire autant de l'architecture classique avant sa décadence? N'a-t-elle pas élevé le panthéon dans les airs, selon l'expression de Michel-Ange, lorsqu'elle a couronné la basilique de Saint-Pierre de la coupole qui domine la ville éternelle? Dirons-nous donc que la basilique de Saint-Pierre n'est pas un monument chrétien, parce que la foi n'y a mis en usage que l'architecture classique? Dirons-nous la même chose des basiliques de Saint-Paul et de Sainte-Marie-Majeure à Rome, ainsi que de la basilique de *Classis* à Ravenne, parce que l'ogive ne paraît pas dans ces temples, où sont conservées les formes appelées constantiniennes? Le dirons-nous enfin, pour citer encore deux derniers exemples entre une foule d'autres, le dirons-nous de la basilique gréco-arabe de Saint-Marc à Venise, et de la splendide cathédrale gréco-mauresque de Pise, uniquement parce qu'elles ne sont pas ogivales, et que l'ogive seule doit être déclarée chrétienne?

Encore une fois cependant, quelque magnifiques

que porter le génie de l'homme à en faire un plus sublime usage. L'arcade et la voûte sont d'origine étrusque.

que soient les monuments sacrés que nous venons de citer, nous leur préférons nos grandes cathédrales gothiques. Mais c'est justement parce que nous croyons légitime cette préférence pour l'architecture ogivale, que nous ne dirons jamais que *sa perfection exige les imperfections,* les incorrections, les fautes de dessin des œuvres de la sculpture et de la peinture au moyen âge. C'est pourtant cette absurdité que sont condamnés à soutenir ceux qui nous reprochent ce que nous avons fait observer à Pugin.[1] Nous ne dirons pas non plus que l'architecture gothique est nécessairement le dernier mot de l'art monumental et religieux de la civilisation chrétienne, et que tout progrès de cet art est désormais impossible; non, nous ne le dirons pas, car les œuvres humaines n'atteignent jamais une perfection qui ne puisse être dépassée, et tout dans l'homme et dans l'humanité, le vrai, le beau, le bien, la science, l'art, la justice, tout doit avancer sous le souffle de l'esprit de Dieu, et à la lumière de la foi, lumière divine qui ouvre à l'esprit humain des horizons sans limites. Mais ce que nous disons sans crainte, parce que nous croyons l'avoir démon-

(1) V. sup.

tré, c'est que si le monde doit jouir encore d'un style sacré plus parfait dans son ensemble que ceux qui caractérisèrent jusqu'ici les grandes époques artistiques, il ne le devra certainement pas à la sécularisation de l'art, c'est-à-dire à l'inspiration religieuse d'une foi nouvelle, ou plutôt de la foi *prétendue* de l'homme à un idéal divin *purement subjectif*, ou exclusivement de sa création. En vérité, il n'y a de créateur que Dieu. Inspirons-nous donc de ses œuvres toujours incomparables, toujours reconnaissables à leur unité et à leur perpétuité surhumaines, dans l'ordre de la nature et dans l'ordre de la grâce.

IV

Ce que nous avons fait observer au sujet de la foi chimérique à l'idéal, dans notre lettre au congrès d'Anvers, nous l'avons dit plus formellement encore à l'un des correspondants du Congrès, à M. Victor Hugo. Nous croyons donc bien faire de reproduire ici, pour plusieurs esprits trompés comme le sien, ce qu'il nous donna lui-même l'occasion de lui écrire. Mais nous devons auparavant à nos lecteurs un mot sur cette correspondance. Le poète devenu l'apôtre de la foi nouvelle et indéfinie dont nous l'avons entendu parler tout à l'heure, en célébrait une autre et une meilleure lorsqu'il consacrait ses premiers chants à la foi toujours ancienne et toujours nouvelle. Il était jeune alors, et nous plus jeune encore. Ravi par ses œuvres comme on l'est à cet âge, nous écrivions quelquefois à celui qui se faisait l'harmonieux écho de la pensée chrétienne, à celui qui disait alors à Lamartime :

> Plus tôt que je n'ai dû, je reviens dans la lice !
> Mais tu le veux, ami ! ta muse est ma complice :
> Ton bras m'a réveillé : c'est toi qui m'as dit : Va !
> Dans la mêlée encor jetons ensemble un gage.
>   De plus en plus elle s'engage.
> Marchons, et confessons le nom de Jéhova !
>
> J'unis donc à tes chants, quelques chants téméraires.
> Prends ton luth immortel : nous combattrons en frères
> Pour les mêmes autels et les mêmes foyers.
> Montés au même char, comme un couple homérique,
> Nous tiendrons, pour lutter dans l'arène lyrique,
>   Toi la lance, moi les coursiers.

Monsieur Victor Hugo fut assez longtemps fidèle à cette promesse, et dans la fameuse introduction de Cromwel, sorte de déclaration doctrinale de l'école dont on le proclamait le chef, il disait encore de la révélation chrétienne comparée à la philosophie antique : « Il n'y avait que *la sagesse divine* qui pût substituer une vaste et égale clarté à toutes ces illuminations vacillantes de *la sagesse humaine*. Pythagore, Socrate, Platon, sont des flambeaux : *le Christ, c'est le jour.* » — Or, les nuages, ou plutôt les fumées qui lui dérobèrent plus tard les splendeurs de ce jour, ne s'élevèrent pas, nous en sommes convaincu, de son intelligence, mais lui montèrent du cœur à la tête, des sens à l'esprit. Quand parut *Notre-Dame de Paris*, nous lui manifestâmes nos craintes. Il essaya de nous rassurer en nous écrivant que l'évangile resterait toujours à ses yeux *la Charte mère*, celle que le monde reçut *de Dieu lui-même;* et puis, faisant plus directement allusion à nos craintes, il ajouta que *si l'arbre*, chez lui, *changeait d'écorce, il nechangerait pas de racines.*[1] Cependant la sève chrétienne disparut peu à peu de ses œuvres, et si le sauvageon, chez le poète, conserva ses racines, celles-ci n'alimentèrent bientôt

(1) Il n'y a pas d'indiscrétion à révéler le chrétien qui s'est révélé lui-même dans ses premières œuvres. Nous lui disons ici cette parole du cœur : *memor esto unde excideris et prima opera fac.*

plus qu'une greffe étrangère chargée des fruits amers d'un luxuriant scepticisme. Le talent demeura, mais fut le plus souvent consacré au service d'une mauvaise cause. Le vrai et le faux, le beau et le laid, le bien et le mal, la vertu et le crime, n'apparurent pas seulement tour à tour dans ses œuvres, mais y apparurent mêlés, confondus, comme s'il eût voué sa poésie à chanter la sophistique hégélienne, l'identité des contradictoires. Les grandes œuvres littéraires ne se taisent pas sur l'erreur, sans doute, mais elles la dévoilent pour la mieux combattre; elles n'excluent pas le laid, mais elles le montrent pour en inspirer l'horreur; elles ne passent pas le mal sous silence, mais elles en parlent hautement pour le faire craindre; elles ne dissimulent pas les crimes, mais elles les signalent pour les faire détester, et pour les faire haïr surtout par le criminel lui-même, de cette haine sublime qui peut seule le réhabiliter. Ce n'est pas toujours ainsi que le faux, le laid, le mal, le crime sont traités par M. Victor Hugo. Ils ne servent pas d'ombres partout, dans les tableaux de ce grand peintre, mais ils y forment trop souvent d'épais brouillards, et viennent y gâter ainsi les plus beaux effets de lumière. M. Victor Hugo semble ne pouvoir se résigner ni à montrer la vertu sans souillure, ni le crime sans auréole ; il paraît même quelquefois éprouver le besoin de découvrir quelque mérite caché dans le mal lui-même. Ne l'avons-nous pas vu pousser la logique de cette lamentable tendance, de cette erreur secrète qu'il ne s'avoue probablement pas à lui-même, jusqu'à chanter l'union *de Bélial et de Jésus*, de l'orgueil qui se révolte et de l'amour qui obéit, du *non serviam* de satan et du *fiat* de Gethsémani, jusqu'à glorifier dans une œuvre inspirée à M. Michelet par la haine du christianisme, « cette peinture, ou mieux cette intuition de la nature d'où sort splendide, on ne sait quel *démon-Dieu* qui fait sourire et pleurer [1]. » La folle doctrine manichéenne des deux principes éternels et opposés, doit-elle donc reparaître de nos jours, et plus folle encore, par l'affirmation de l'identité du bien et du mal, de l'amour et de la haine ? Quoi qu'il en soit [2],

(1) Lettre écrite le 2 Xbre 1862, par M. Victor Hugo, à M. Michelet.

(2) Je dis *quoi qu'il en soit*, parce que les artistes n'ont généralement et malheureusement pas de doctrine. Comme les acteurs, les poètes chantent, et font trop souvent moins d'attention au sens qu'à l'harmonie de leurs paroles : ils s'écoutent chanter, soit qu'ils chantent le pour, soit qu'ils

avant d'arriver à de pareilles extrémités, M. Victor Hugo nous avait découragé déjà par de si tristes abus de son grand talent, que nous avions cessé depuis longtemps de lui écrire, quand le vent des révolutions poussa le poète à Bruxelles. Le désir de renouer la correspondance brisée de notre jeunesse s'éveilla naturellement en nous, mais par un motif bien différent de celui qui nous l'avait autrefois fait entreprendre. Nous lui écrivîmes donc quelques mots en lui envoyant un livre sur *la certitude en matière de religion*. Nous crûmes reconnaître son ancien cœur dans la réponse qu'il nous fit, et que nous voudrions citer tout entière, mais nous n'en pouvons reproduire ici que le passage où lui-même reproduit, comme dans sa lettre au Congrès d'Anvers, l'une des pensées favorites de ses œuvres :

« . . . Je lirai votre livre, nous dit M. Victor Hugo. Les questions qui vous préoccupent sont aussi les questions qui m'absorbent ; je ne suis rien qu'un atôme tourné vers l'infini. La grande barrière entre nous, le grand obstacle, c'est que nous

chantent le contre. M. Victor Hugo ne s'est pas toujours préservé de cette faiblesse, ni dans ses poèmes en vers, ni dans ses poèmes en prose.

nous ressemblons plus que vous ne croyez. Je suis comme vous, un homme de foi. Moi aussi, j'ai ou je crois avoir ma certitude. »

Nous lui répondîmes :

Vous parlez en conscience, car vous n'osez pas dire : j'ai la certitude, mais je crois avoir la mienne. Vous n'êtes donc pas un homme de foi. Aussi, prenez-vous ce mot de foi dans un sens bien différent de celui que lui donnent tous les siècles et toutes les langues. Vous en usez comme on use du mot *je crois*, quand on veut exprimer, non la foi, mais le doute. *Je crois que je crois* ne veut-il pas dire : J'en doute?

De quelle foi s'agit-il entre nous? De la foi religieuse, de la foi qui *élève* l'homme à Dieu, l'homme à sa fin, la vie présente à la vie future. Eh bien! n'est-il pas évident pour vous comme pour moi, que sur l'invisible avenir où vous et moi entrerons bientôt, celui qui croit à un autre témoin que Dieu n'est pas croyant, mais crédule? N'est-il pas évident qu'il croit à l'invisible sans avoir la preuve de l'invisible : *l'argumentum non apparentium?*[1] Si je m'en rapportais à votre témoignage

(1) Ad Heb. 2

en cette matière, n'auriez-vous pas pitié de moi? C'est donc en conscience qu'après avoir dit : j'ai, vous avez ajouté : *ou je crois avoir* ma certitude, c'est-à-dire je ne suis pas certain d'être certain.

Pour moi, Monsieur, je *sais* à *qui* je *crois*, et c'est pourquoi je suis certain comme l'était saint Paul lorsqu'il disait : *Scio cui credidi et certus sum.* [1]

Sondez, je vous en prie, ces paroles : ce *scio*, ce *cui*, ce *certus sum*. Il ne dit pas comme vous : je crois avoir ma certitude, mais je *sais* à *qui* je *crois*, et je suis certain. C'est que la raison précède en nous la foi, et qu'avant de donner sa foi, elle doit savoir à qui elle la donne.

A qui croyez-vous, Monsieur ?

Rentrez en vous-même, et à cette question de la raison, vous n'entendrez en vous d'autre réponse que celle-ci : je crois en moi, je crois à mon idéal. C'est donc à mon tour d'avoir pitié de vous, car vous n'êtes pas revenu de l'autre monde pour nous dire ce qui s'y passe.

Montrez-moi, oui, montrez-moi celui qui est venu de là, faites-moi entendre la voix qui est

(1) 2 Timoth. 1.

descendue des cieux, ou ne me parlez plus ici de certitude ; dites-moi où parle cette voix afin que je l'écoute, que je la reconnaisse, et que je lui donne ma foi sans hésiter : *qui credit habet in se testimonium Dei.* Je dis afin que je l'écoute et que je la reconnaisse, car si c'est la raison qui réclame ici le témoignage de Dieu, c'est elle encore qui le reconnaît à ses caractères.

Comment est-il possible que vous ne le reconnaissiez pas ? Le grand fait à jamais inébranlable de l'unité de la révélation ne suffit-il pas à vous prouver son auteur ? De quelque côté que vous regardiez ce fait, ne le voyez-vous pas évidemment divin ? Le vieux livre dont le peuple juif est le gardien, ne contient-il pas l'histoire de Rédemption par le Christ racontée quarante siècles d'avance ? *In capite Libri*, dès les premières pages de la Genèse, ne lit-on pas la promesse du salut immédiatement après le récit de la chute ; et toute la suite des Ecritures de l'ancienne alliance est-elle autre chose que le Christ promis, figuré, annoncé par les prophètes avec une clarté désespérante pour l'incrédulité ? La suite des empires jusqu'à Jésus-Christ ; les années qui doivent encore précéder son avénement ; le lieu de sa naissance ; les circonstances de sa vie, de sa passion, de sa mort, de sa gloire; la vocation des Gentils, l'apostolat universel, l'union des peuples dans le grand empire spirituel, dans la grande famille des enfants de Dieu; tout n'y est-il pas?[1] Si vous n'avez jamais regardé ce tableau dans son ensemble en présence de Jésus-Christ, *leva oculos et vide*, et dites-moi quelle bonne raison vous avez encore de douter. Et puis, si vous ne savez pas non plus à quel point tout ce que l'Evangile annonce de l'avenir, était humainement incroyable lorsqu'il l'annonçait, et avec quel éclat tout est accompli, tout est là vivant devant vous, lisez l'Evangile et regardez l'Eglise,[2] et dites-moi si Jésus-Christ n'a pas fait attester sa Divinité par les deux témoins que Dieu seul peut prendre, le passé et l'avenir. N'est-il donc pas absurde, monsieur, de comparer comme vous le faites quelquefois, à des hommes vaincus par le temps, celui qui s'est ainsi montré le maître des temps, celui qui a fait de sa révélation le lien même des siècles, la véritable clef de l'histoire du monde?[3]

(1) De la certitude en matière de religion, ou la Question religieuse résolue par les faits, ch. VIII. § I. (2) Ibid. § II.

(3) Nous le demandons également à M. Renan?

Mais ce n'est pas seulement par l'unité et l'harmonie des temps que la révélation nous apparaît clairement divine, c'est encore par les harmonies intimes de sa doctrine, par l'incomparable ensemble de ses dogmes[1] où tout se tient et où tout a victorieusement défié le regard de la science;[2] c'est par la lumière ravissante qu'elle répand sur les mystères de notre nature, par les réponses qu'elle donne seule aux questions qui sortent de l'état profondément troublé de cette nature, questions que la raison pose et ne résout pas;[3] c'est enfin par l'assurance avec laquelle elle nous convie à faire l'expérience de la vérité qu'elle nous enseigne, quand elle nous dit : *Gustate et videte,* « éprouvez et vous verrez », vous verrez que je connais seule l'origine et la profondeur du mal dont vous avez la conscience, puisque seule je vous en donne le remède : prenez-le et vous vivrez : *fac et vives.*[4]

Je me borne à vous indiquer ici, Monsieur, quelques-unes des harmonies évidemment divines de la révélation avec les choses dont Dieu seul dispose en maître : avec le temps, avec l'histoire,

(1) De la certitude en matière de religion etc. c. XII.

(2) Ibid. (3) Ibid. c. IX.

(4) Ibid. c. IX. § III, et c. XVI.

avec la conscience humaine, parce qu'une lettre n'est pas un livre, et parce que le livre de cette lettre est entre vos mains. Je ne comprendrais pas que vous pussiez fixer un regard attentif sur un pareil fait, sans avouer que ceux-là sont coupables du crime de lèse-raison qui méconnaissent le Dieu Sauveur du monde en présence de son œuvre toujours vivante dans le christianisme, comme le sont ceux qui méconnaissent le Dieu créateur du monde en présence de son œuvre toujours vivante dans la nature.

Cependant je vous entends dire : je suis un homme de foi, je crois au progrès de la vérité. Mais au progrès de quelle vérité? Nous chrétiens, nous croyons au progrès de la science, de l'intelligence humaine de la vérité, mais nous ne croyons pas au changement de la vérité. Le progrès des sciences naturelles ne suppose-t-il pas l'immutabilité de la nature? Pourquoi donc le progrès de la science religieuse ne s'appuierait-il pas sur l'immutabilité de la révélation? N'avons-nous pas incontestablement raison contre vous, quand nous affirmons le progrès des âmes et des siècles, et que nous proclamons en même temps que ce progrès ne consiste pas à changer de voie, à errer sans avancer, mais à marcher dans la voie de l'unité, à suivre le divin chemin ? Ne dites pas que l'immutabilité de la nature n'ayant pas empêché qu'elle fût mal connue, l'immutabilité de la révélation n'a pu empêcher non plus qu'elle fût mal entendue ; non, ne le dites pas, car Dieu a bien pu abandonner le monde aux disputes des hommes, parce que le monde marche sans eux, et suit la voie qu'il lui a tracée dans l'espace, sans souffrir de leurs systèmes et de leurs erreurs ; mais il n'a pu abandonner l'homme lui-même au doute et à la dispute sur la loi et la fin de l'homme, parce que c'est en marchant dans le chemin de sa loi que l'homme doit atteindre sa fin. Dieu ne lui a donc jamais refusé la lumière dans cette voie ; et si cette lumière, comme celle du jour, a pu croître en clarté, ç'a été sans cesser d'être toujours la même. Il faut montrer, Monsieur, ce grand fleuve de lumière qui part du principe de l'humanité et la suit dans tout le cours des siècles, il faut le montrer majestueux, splendide, digne de celui qui ne change pas, ou ne plus parler ici de foi ni de certitude. Votre raison ne vous le défend-elle pas aussi bien que Dieu ? Ne vous dit-elle pas comme lui : *audi et vide, et inclina aurem tuam* : écoute, regarde, et incline-toi : écoute la voix de ton principe parce que lui seul peut te dire ta fin, et ne t'imagine pas que la vérité nécessaire à l'humanité depuis l'origine du monde, soit encore une trouvaille à faire : les premiers hommes n'étaient-ils pas enfants de Dieu comme toi ? Regarde donc la grande société des âmes, où cette vérité passe de génération en génération comme le commun héritage des enfants de Dieu, et ne parle plus de la vérité comme on parle du mensonge, ne dis plus que la vérité de l'avenir doit détruire celle du passé, car en parlant ainsi, tu ne serais pas une voix amie de l'humanité, tu ne serais qu'une voix ennemie, car *le dieu* que tu lui donnerais, après avoir trompé nos pères, nous tromperait nous-mêmes jusqu'à la fin. Cesse donc de prêcher ce faux dieu, cette idole de tes pensées, et incline-toi pour écouter la voix du Dieu vivant et véritable avec la volonté de t'y soumettre, car ceux-là seuls jouissent de sa lumière qui sont résolus à la suivre : *Si quis voluerit facere voluntatem Patris mei, cognoscet de doctrina quia non est mea, sed ejus qui misit me.*[1] Incline-toi pour recevoir la vérité comme un don de Dieu, car si

(1) Joan. 7.

tu prétends en faire ton œuvre pour t'en glorifier devant les hommes, tu seras à jamais impuissant à croire, impuissant à vaincre le doute, et tu resteras le jouet de tes rêves : *Quomodo vos potestis credere qui gloriam ab invicem accipitis, et gloriam quæ a solo Deo est non quæritis?*[1]

Voilà, Monsieur, pourquoi ce qui est clair pour l'un, ne l'est pas pour l'autre. Cette différence ne vient pas de la lumière, mais des yeux : *Si oculus tuus fuerit simplex totum, corpus lucidum erit.* La jouissance de cette lumière est toujours proportionnée en nous à la fidélité de l'âme, à la pureté du cœur : *Beati mundo corde quoniam ipsi Deum videbunt.* Saint Augustin, que vous feriez bien de prendre pour patron, ajoute : *Deum videre vis, prius cogita de corde mundando.* Je vous le dis en ami, plus on a soin de prendre cette voie, plus on y trouve de lumière, surtout quand on y est à genoux. N'est-ce pas la position la plus rationnelle pour *un atome tourné vers l'infini?*

Restons à notre place. Nous ne sommes qu'un point de la grande sphère de la création, mais un point vivant qui peut toucher à tout par le rayon

(1) Joan. 5.

qui le rattache au centre. Il faudrait donc que chacune de nos pensées, chacune de nos aspirations, si la chose était possible, fût ce rayon là. Si notre vie ne se rattache pas à ce centre, elle se perdra dans le vide. C'est ce qu'exprimait encore le grand Augustin dans cette admirable prière : *Collige me, Domine, a dispersione in qua frustatim dispersus sum, dum a te aversus in multa evanui!* Pourquoi cette prière ne deviendrait pas la nôtre? Offerte avec constance à celui qui nous entend toujours, elle nous obtiendrait de mourir comme est mort ce grand pécheur converti, consolés comme lui par les chants du plus véritablement inspiré des poètes, par ces psaumes immortels de la pénitence, si pleins des gémissements de l'Esprit qui sauve les âmes.

—

Le lecteur qui nous a suivi jusqu'ici, voit maintenant pourquoi nous avons reproduit cette lettre dans un opuscule où il est question de la complète sécularisation de l'art. Qu'est-ce, en effet, que ce système de sécularisation? C'est la doctrine qui prêche la rupture absolue entre l'art religieux lui-même et la révélation, au nom d'un principe nouveau qui rejette tout idéal religieux d'inspiration non exclusivement humaine.

Eh bien ! ce n'est là qu'une application faite à l'art de la doctrine de la sécularisation de la foi, ou de la rupture absolue entre l'esprit humain et la révélation divine, au nom du principe qui nie toute révélation dont l'esprit humain n'est pas la source. Nous avons donc cru bien faire de joindre à notre lettre au Congrès artistique, celle où nous avons réfuté plus directement encore cette doctrine condamnée par la raison comme elle l'est par l'histoire.

FIN.

www.ingramcontent.com/pod-product-compliance
Ingram Content Group UK Ltd.
Pitfield, Milton Keynes, MK11 3LW, UK
UKHW021557260726
13993UKWH00002B/884